Para Gustavo,
con complicidad
renovada,
cariñosamente

Alejandro

BA 13/01/04

Bienvenidos a mí

Diseño de tapa: María L. de Chimondeguy / Isabel Rodrigué

ALEJANDRO ROZITCHNER

Bienvenidos a mí

EDITORIAL SUDAMERICANA
BUENOS AIRES

A864   Rozitchner, Alejandro
ROZ   Bienvenidos a mí.- 1ª. ed. - Buenos Aires :
          Sudamericana, 2003.
          160 p. ; 23x16 cm.

          ISBN 950-07-2413-8

          I. Título – 1. Ensayo Argentino

IMPRESO EN LA ARGENTINA

Queda hecho el depósito
que previene la ley 11.723.
© *2003, Editorial Sudamericana S.A.*®
Humberto I 531, Buenos Aires.

www.edsudamericana.com.ar

ISBN 950-07-2413-8

A Ximena Ianantuoni

JUEVES 22

Me gustaría ir a pedirle al tipo que está sentado en la mesa de allá que me deje levantar su notebook para ver cuánto pesa. No creo que se cope. Pesa dos mil dólares. Este cuaderno pesa tres pesos y la lapicera más, pero igual son instrumentos más accesibles. ¿Se escribe mejor con una notebook que con una pluma fuente? La fuente de la escritura, esta tinta líquida que brota de la punta de metal con forma de pique, como un pene culto que su simiente de signos en geométricos renglones derramara. La notebook tiene fuente de potencia, capacidad tecnológica que suple al muscular brazo y puede tanto más que él. O puede otras cosas.

O sea que también los espermatozoides son letras, letras vivas que escriben una persona en el tiempo que pasa como pasa ese tren. Eso es de una letra de Spinetta. Es cierto que se pasa como pasa un tren, porque avanzar en el tiempo es dejar atrás las estaciones y no quedarse en ninguna, y porque hay un entusiasmo en la marcha traqueteante que genera expectación y nostalgia en el que mira desde el andén o el campo ese paso decidido del tren que avanza.

El tren es un objeto de la infancia, porque queda ligado a ese tiempo en el que tanto sorprende y tanto interesa su ser maquinaria transportante e inverosímil. Queda impregnado, en su tremenda fuerza, del sentir del chico que lo ve como un dios realizado, mucho más potente que un dios pensado. Hace falta una catedral, o al menos una capilla —una escenografía—, para convencer al espíritu de la existencia de un dios. Son los muy incrédulos los que necesitan una catedral para conmoverse, y es esa conmoción la que produce la fe, la que necesita que algo sea deslumbrante para no bandearse en el vacío de la nada. Por eso los que fe no tenemos sentimos el intento de conmoción de la catedral como una experiencia de amor intenso por el mundo. De esa forma sentimos todas las cosas que los creyentes toman como manifestación de lo divino, pero lo nuestro no es la fe. Se ve además que los medievales eran como niños que armaban teatralidades. Yo jugaba en casa de José Sztrum usando los cortinados del living como un telón, y con él y sus dos hermanas hacíamos un programa de televisión, que no es lo mismo que una catedral, ya sé, pero tampoco es tan distinto, a la final.

He dado testimonio de mi problema, ya: esta prosa que supura de mí, hilando el mundo desde la línea infinita de mi lapicera. Un diario no es una novela, pero ¿qué es una novela? El que esté libre de dudas que arroje el primer capítulo. Un día no es un capítulo. Una idea no es un personaje. Pero no hay ideas sin personaje. O sin persona. ¿Toda persona puesta en texto es un personaje?

Dedicarse a escribir un diario personal es ponerse a cocinar la propia vida. No tomarse el trabajo de hacer un diario es permanecer con la personalidad cruda, ignorada, no desplegada ni desarrollada. Las instrucciones para armarse, que están esparcidas por la sensibilidad, quedarían desperdiciadas.

Había una película que pasaban en la tele cuando era chico, en la que Raquel Welch se metía con otros dos actores dentro del cuerpo de un tipo en una cápsula reducida científicamente. Queda claro que el interior no son las venas, los músculos y los huesos. Ése es el cuerpo. El interior es el engrudo emotivo resultante, todo lo que uno siente en su relación con el mundo, incluso lo que ve. O sea: el interior no está adentro, anda por todas partes.

Una novela es algo que se lee fácil, que interesa, y eso necesariamente tiene personajes y trama, porque no puede el interés fijarse si no hay vida que viva en el texto. Sin personajes ni trama, ¿qué puede interesar? No nos hagamos los tan cultos como si pudiéramos prescindir de la existencia, porque no es cierto ni queda bien. Ésta es una novela de ideas, una novela de días, una novela de mundo que pasa por mí y ya.

Lenin se robó uno de los mejores títulos posibles para un libro: *¿Qué hacer?* Podría ser también el título de una guía de actividades para el fin de semana, pero él tenía otra cosa en mente, en esa mente guardada limpiamente por un cráneo sin pelo, porque para qué pelo, burguesía del ser que lucirse quiere. Lo suyo era el proyecto que conmovió al mundo.

En este bar, ahora, se mezcla el ruido de un jet con la música suavizante. Música funcional, no música en sí, música vana, sino música que cumple su cometido, el de aplacar a las bestias financieras empresarias que acuden a este bar elegantón y choto. Ni música fusional, como la de las *raves*, que superan el artificial separarse de los seres que quieren preservarse pero al separarse mueren. También hay que prestarse un poco al desvarío natural.

Célula que no se comunica muere. Lo que parece algo así como "todo lo que está quieto se pinta y lo que se mueve se saluda", pero no es. Me lo dijo Leopoldo que se lo dijo una médica que se lo dijo un cuerpo. Algún cuerpo. O el cuerpo de un libro, o el cuerpo de un saber. *Corpus*, dicen los estudiantus de letrus.

Pero la idea es buena, permite entender, sirve de guía: comunicarse, circular, intercambiar, derramarse, fluir, recibir, percibir, es vivir. Si no, morir. Y uno se encierra, muchas veces, por neurosis, y la neurosis tiene mucho de muerte, es una transa que hace la vida con la muerte para poder vivir. Vivir del todo no se puede, lo único que se consigue al querer hacerlo es morir del todo. O suspenderse, no vivir. Pero aceptar las muertes constantes es una puerta a las vidas posibles. Palabras que sólo deberían admitir el plural. Me voy a casa.

Ahora es de noche, el día me pasó por encima y estoy sentado en una mesita redonda, linda y chiquita y de color marrón claro, en el gigantesco Carrefour de Paseo Alcorta. Justo enfrente de mí la góndola del foil y del papel de aluminio, y hermosos envases de colores. Un carrito llevado por una gorda tetona llena de culo tiene un asiento adosado, y en el asientito hay una beba rubia que me mira sin parar. Ahora la hermana mayor, otra gorda llena de piernas que le asoman bajo el jumper, le mueve las piernitas y al reírse se le ven unos dientes piantados. Pobre, es fea, aunque no parece afectada por eso. ¿Quién no va a estar afectado por ser feo? Hasta los lindos lo están, porque la fealdad es un vicio, un virus de la percepción que actúa desaprobando lo maravilloso del ser. ¿Y cuando el ser es realmente feo? Ahí falla la visión sagrada de la vida, arruga hasta el más hindú. ¿El Hindú Club es una asociación budista?

El Tarro Florine de un litro está en oferta, cuesta 7,90. No sé cuál es, porque está lleno de tarros. No sé cuál es y sin embargo tal vez me hace falta y no me doy cuenta. Allá a lo lejos veo unos sacos colgando como si fueran personas suspendidas en el aire. Mi carrito me espera, paciente, con la caja de panzotis entreabierta. ¿Querrán salirse, escapar, buscarán advertirme de algo?

Y más acá, en la entrada entre dos góndolas, veo otra estantería más baja, con bols y ensaladeras blancas, amarillas, corales y verdes aguas. La verdad, muy lindos tonos.

También veo, en la góndola de los rollos pero más allá, bolsas de compras. Qué lindos diseños tienen. Muy coloridos, unos juegos de rayas de distintos grosores llenos de encanto, traen un mundo. ¿Por qué serán tan lindas las bolsas de compras? ¿Quién será el que decide los diseños y los colores? Su influencia artística en la vida argentina es mucho más real e importante que la de los artistas plásticos. ¿Por qué los pintores se recluyen en el arte? ¿Por qué no ven el arte donde está, en vez de buscarlo lejos? Parece que para poder buscar uno tiene que sentir que las cosas están lejos, porque si están muy cerca no sabe qué hacer con ellas. Por lo mismo los escritores muchas veces rehúyen a su público, al lector. ¿Rehúyen o rehuimos? ¿No me incluyo por el pudor de decirme escritor o porque no quiero creer que también yo haga eso? Todos lo hacemos, porque ése es el punto de partida, la posición básica desde la cual se aprende a escribir. Aprender a escribir es aprender a encontrarse con el cercano a través de un rodeo inmenso, a través de una difícil vuelta por el trazado y el manejo de las palabras y las ideas. Este diario me lo tiene que dar, eso. La estrategia de ir para volver.

Oigo aullidos de una puerta. Es la puerta vaivén que las chicas del bar abren y cierran al fondo de la barra. Es un fuelle que parece tanguero, tanto se lamenta de existir. Es el tango de la puerta vaivén, como el blues del sacacorcho. El lamento de los materiales que se quejan de ser. Les falta el aceite, como a las subjetividades tangueras, aceite para que la vida ande sin el esfuerzo rasposo de lo concreto. El blues también es una queja, como el tango, pero una queja más cachonda. Es la ventaja de los negros sobre los europeos resignados. Y trasplantados.

VIERNES 23

Hoy son dos los que tienen notebooks, los dos en la misma mesa. Una es grande y la otra chiquita. Están juntas una al lado de la otra y los tipos también, sentados lado a lado y no enfrentados. Las máquinas deben ser amigas entre ellas, y se ven cuando sus dueños lo deciden.

El de la máquina chica es una mezcla de Harrison Ford con Steve Martin. El otro es más joven. Tienen una (dos) caras de serios que voltean. ¿Será por las máquinas?

Si me compro una temo que el peso sea una molestia excesiva. ¿Vienen con la cara esa, o es un opcional?

Qué confortable sería tener ruedas neumáticas como los autos. Las zapatillas con aire no son nada parecido. Si fuera una gaviota libre querría volar como el viento que arrastra la problemática.

Tiene que ser exceso y libertad, este diario. Después puedo limpiar la mitad, si quiero. Tiene que ser descuidado y abundante, como la vida misma.

DOMINGO 25

Ayer no pude escribir. Después de esa declaración de descuido y fluidez del otro día quedé seco, parece. Pero no. Tal vez uno de los que soy se asustó un poco, pero otro respiró hondo y acá estamos todos.

"Nada es casual", dice la señora que en la otra mesa hojea la revista *Noticias*. Antes le comentaba a uno de los dos hombres que están con ella, uno de los cuales debe ser el marido, que el cuerpo de Rodrigo (¿será el aniversario de su muerte?) había salido despedido quinientos metros afuera del vehículo en el momento del accidente. Falso. ¿Qué era, una bala, el tipo? ¿Tiene noción la señora de lo que son quinientos metros? ¿Alguna vez vio quinientos metros, no salió nunca a caminar? ¿Por qué siempre se dicen cosas así, sin sentido? La mente vive en un mundo de fábula, la mayor parte de nuestra conciencia colectiva es infantil. La madurez, la capacidad de ver y bancar la realidad, es una conquista generalmente individual. Cuando sucede, rara vez, seamos veraces.

¿Qué quiero lograr con este texto? Nada. Quiero hacer un objeto de escritura. Esta novela es la aventura de lograr algo en donde la acción sea la de escribir. Quiero lograr no querer lograr nada, lo que no es fácil.

El platito tiene una servilleta con el dibujo de una diosa egipcia, la que da nombre a la confitería. El jarrito del café, ya vacío, está un poco inclinado, y frente a él, también sobre el platito, hay tres sobrecitos de edulcorante y tres de azúcar. El dibujito egipcio, en realidad no egipcio porque mira de frente con los brazos extendidos, también está en el jarrito, más chico. Dos gotas de café dejaron su huella a los costados de su cabeza. Debo haber puesto mi boca en la figura de esa diosa antigua, y recién ahora me doy cuenta, gracias a que escribo los detalles. Espero que no lo tome a mal. ¿Escribiendo los detalles uno descubrirá siempre algo interesante, alguna de esas pistas ocultas que al revelarse iluminan las cosas?

La escritura de un diario es como un filtro mágico por el que podemos hacer pasar el mundo para recuperarlo transformado, más verdadero, porque lo hemos unido con nuestra sensibilidad. ¿Y el plural? ¿Qué pasa, por qué escribo en plural, me volví loco?

Hice un Flor de Loto que me va a servir como hoja de ruta para esta escritura. Un Flor de Loto es un ejercicio de creatividad que usan los japoneses y que permite explorar ordenadamente las posibilidades o variantes de algo. Es nada más que una sistematización de las conexiones pensables por uno, o por un grupo de trabajo. Su virtud es que ese mapa interno inconsciente e inexpresado se vuelca en un papel. Si uno hiciera dos o tres flores de loto por día y guardara los papeles en una carpetita, a esa carpetita le podría poner una etiqueta que dijera: "Mi cerebro".

Flor de Loto no tiene nada que ver con Flor de Pelotudo, aunque sé que a muchos puede pasarles, como a mí, sentir una inicial sospecha respecto de técnicas así. Casi podríamos instituir, como norma, que lo que despierta sospechas lo hace porque propone una vía demasiado directa de acceso a lo que se suele querer encontrar más rebuscadamente. Si encontráramos tan rápidamente lo que estamos empeñados en conseguir tardando, ¿qué haríamos después? Habría que avanzar, ir hacia otra cosa, concretar el logro. Y por más que creamos que queremos hacerlo, lo cierto es que tal vez preferimos seguir queriéndolo a conseguirlo. Mejor sentir que las técnicas de creatividad son estúpidas y que uno es más inteligente si se niega a usarlas. Lo mismo pasa con otros libros directos y claros, como *La antidieta*, *Tus zonas erróneas*, etc. Heidegger o Lipovetsky son más seguros, porque guitarrean hasta el infinito y podés confiar en que no vas a tener que vivir nada nuevo. Ahí está. Lo dije.

Cuento once servilletitas de la confitería puestas en mi mesa como parte del servicio. Un equipo de fútbol de deidades egipcias.

Tengo la sensación de que estamos entre las cosas del mundo sin verlas, sin captarlas, sin darnos cuenta. Otra vez el plural. Y si hacemos... Y si hago un esfuerzo de atención veo la figura que se arma, el dibujo del sentido que tan fácilmente se me escapa. El plural es para hacerme universal, o para invitar al lector a que forme parte de la aventura. ¿Qué tal? ¿Estás leyendo esto? ¿Qué hiciste antes de poner tus ojos en estos párrafos? ¿En qué soporte lo estás leyendo: cuaderno, copia en pantalla, copia impresa, página de Internet, libro? ¿Sos ciego y te lee alguien? ¿Quién? ¿Te quiere quien te lo lee? ¿Sentís en su voz el terciopelo del afecto, el chillido del esfuerzo o la monotonía de la indiferencia? ¿Te lee aunque no sos ciego? ¿Te gustaría ser ciego?

Al gordo bestial de allá me parece conocerlo. De repente fue compañero mío en la primaria. Es graciosa esa forma de usar el "de repente", sobre todo si afecta al pasado, como en este caso. La expresión más súbita colocada tiempo atrás. De repente se altera el pasado, como le pasa a alguien que se entera de algo importante que pasó hace mucho y no sabía. Hay muy poca gente de menos de sesenta años en este bar. Es como una guardería senil. Se los ve muy acomodados pero poco contentos. Reina una resignación tranquila, como si se hubieran habituado a algo feo. No creo que sea por la edad, me parece que es más bien por esta forma egipcia de vivir la edad. Igual me gusta que una señora con aspecto de anciana total hable por celular, como ésa. Debe ser el nieto el que la hace franquear la barrera del tiempo y ser capaz de digitalizar su habla.

Otra cosa a favor de calificar este texto de novela: no es un ensayo. O lo es, pero en el sentido en que trata o prueba, es un ensayo de novela. El temita de la forma, quiero decir del género, es pura paranoia pequeño-burguesa.

17

Querría un buen título. Lo voy llamando *Uf,* cuando lo paso en limpio y lo guardo como documento de Word, pero no me convence. Si encontrase un buen título me pondría muy contento. *El contento diario. El diario sustento. Las columnas plateadas de la confitería egipcia. La generación del sol. El sol diario.* Ése es lindo.

La mesa que observo es como una obra de teatro. El mundo está lleno de géneros. Hablan en voz alta, puedo oír todo lo que dicen la mujer y el de allá. El de acá está de espaldas a mí, y por eso no lo escucho. No es gente agradable. No puedo decir casi nada de ellos. La prosa se engendra en el placer de mirar, como los hijos se engendran en el placer de la unión.

Ahí pasó una con cara de loca. Y entró otra pareja vieja y fea, ella llevando una docena de animales muertos encima. Han matado a los vivos para que vivan los muertos. Si sigo así puedo escribir una biblia.

Al rato. Ahora que veo con más calma, y penetro más, en el sobrecito de edulcorante que está arriba de los otros dos hay un jarrito dibujado, muy parecido al jarrito real que está al lado. Pero no tiene deidad egipcia, ni bordecito marrón; su bordecito es celeste. Lo único celeste que hay en la realidad natural es el cielo, y algunos ojos.

El mozo que sostiene la bandeja con dos jarras plateadas lleva un smoking verde. Parece un soldado con uniforme de la época de la independencia. Pero justamente su uniforme es el de la dependencia.

No querría vivir escuchando a una mujer que hablara con una voz tan fea. *¿Qué te pasó?,* le pregunta a un tipo que llega de repente. Él dice que se golpeó con la heladera. Difícil de creer. El tipo explica y ella retoma su relato enseguida, sin terminar de oírlo. ¿Cuál puede ser la verdad? Uno de los otros le recomienda una pomadita. ¿Una pomadita para la heladera? Por su edad y por su aspecto el lastimado no parece estar ocultando un hecho pasional, pero nunca se sabe. Tal vez intentó tocar a una mujer que reaccionó mal. Tal vez fue su propia esposa la que le tiró un cenicero, porque tiene muy mal carácter y no le cayó bien alguna boludez que él le dijo. O tal vez, en su aparente tranquilidad, el tipo es un canalla. Su apariencia de nada está encaminada a ocultar su abismo descontrolado.

Con los movimientos que hice con el cuaderno y el libro se cayeron cinco servilletas al sillón que está al lado mío. Como hojas de un árbol que al suelo se caen, las servilletas se han sentado en actitud de hablarme. Quiero escucharlas pero no sé cómo. Deben tener historias de bocas pastosas de café y comisuras patinadas con rouge.

Ahora estoy en el auto y escribo en el semáforo. Somos muchos con luces rojas, las de los frenos o las de posición. Y un tipo cultiva una llamarada para poder hacer algo frente a los autos detenidos, pero no lo logra. Por terminar la frase anterior casi choco con un Alfa Romeo chico. Manejo y escribo sobre el volante.

Ahora estoy parado en el semáforo de Figueroa Alcorta. Voy a encontrarme con Ximena. Hasta este momento el personaje fui yo, ¿presento ahora a Ximena? Qué bien lucen las chicas en la prosa. Sobre todo si la chica es Ximena. Es tan linda como lo sugiere su nombre. Un lujo para un hombre.

¿Escribir manejando? Siempre me copé de más con leer y escribir, desde chico. Ahora que soy más grande… Semáforo de Juan B. Justo. Por el apuro casi atropello a uno que vende rosas. Todo mal. Ahí cruza un tipo con la corbata tan larga que le tapa la bragueta. Fanfarrón.

Ahora en Jumbo. Escribo caminando. Esquivo señoras con bolsa. Me olvidé el reloj pero sé que llego bien. El Tissot interno.

MARTES 27

Yo trabajo en creatividad. Afirmaciones generales como ésta tengo que hacer más en esta prosa sin rumbo. Escribí la frase al revés. Pasa un judío con gorrito. Estoy sentado en la vidriera de un bar de Scalabrini Ortiz y Santa Fe. Sentado en una mesa que da a la calle. Leí un poco el diario, el otro, el de los kioscos, y lo dejé. Vengo de análisis.

En la calle se ven unas caras increíbles. Gente que tira basura en la escalera del subte. Ceño Fruncido. Me salió con mayúscula, como si fuera el nombre de un personaje de cuento para chicos. El colectivo 111 para en el semáforo, educadamente. Muy bien por el 111. El conductor debe ser bueno, otro personaje del mismo libro para chicos. Cuando el conductor del 111 llega a la casa suena el teléfono, atiende y es Ceño Fruncido. ¿Qué le dice?

La gente sale de arriba de mi hombro y se proyecta en la vereda. Como si emanara de uno, el mundo. Una señora vieja con bufanda gris tenía cara de saber lo que hacía.

Me gustaría que el tiempo terminase de borrar todo resto de mala fe en mi forma de ver las cosas. Yo, antes (como diría una publicidad), no me bancaba nada. Todo otro se equivocaba, todo otro valía menos que yo.

¡Urgente! ¡Una atolondrada pisó el zapato de un señor al llevarlo por delante! El secreto del periodismo tipo *Crónica* es el recorte de la realidad, porque la gravedad de cualquier hecho depende de eso. Si yo hiciera un diario de los sucesos de estos cinco metros cuadrados, el hecho de que esa mina le haya pisado el zapato al señor sería como para primera plana. Además, eran unos zapatos preciosos, de esos que ya no hay.

La utopía del zapato perdido, el recurso automático de declarar ido todo lo bueno. ¡Pasó un ciego en babia con el bastón oscilante! El mundo está lleno de titulares, si se lo mira bien. *Antes todo era zapato, ahora zapatilla*, se lamenta Ceño Fruncido. (Culo Fruncido lo podríamos llamar.) *Es que las zapatillas son más cómodas, flexibles y livianas*, dice el conductor del 111, prendiendo la tele con el control remoto al llegar a su casa, después de haberse descalzado y de haber puesto las zapatillas en la frutera que hace de centro de mesa, iluminadas por la lámpara como si estuvieran nominadas para un Oscar (otro personaje de cuento infantil, el niño protagonista). *Nadie se banca un zapato*, dice Ceño, molesto.

Están pasando dos funcionarios obreros empujando una máquina monstruosa cuyo nombre y utilidad ignoro. Pasa un policía con una bolsita de una dietética, esto sí que es el colmo: policías *light*. Antes te cagaban a patadas, ahora compran lecitina de soja. Qué ironía.

Las rejas forjadas de la entrada al subte, justo frente a mí, son también un resto arqueológico de un mundo pasado integrado a este tiempo actual. Solidez y arte. Ahora todo es zapatilla, desazón.

Oscar (que es pintor, como Oscar Molinero) ve a Ceño trotar en zapatos y le pregunta: *Ceño, ¿trotás con zapatos?, ¿no te hace mal a los pies eso?* *Andá a la puta que te parió, nene*, responde Ceño y sigue trotando, satisfecho de que le duelan los pies y seguir igual trotando con sus zapatos duros, porque eso es debido.

Junto con el café me trajeron un pedazo de un bizcochuelo amarillo que mide, sin exagerar, 3 centímetros por 7 centímetros, y está recubierto por una pastita blanca. Pasitas de uva se asoman por un costado. ¡Eh, pasitas!, ¿qué hay? Esperan que yo pique como un pez y muerda y mastique y trague, pero no lo conseguirán. El café, hoy, estaba horrible.

¿De dónde se controlan los engranajes del ánimo? Uno puede saber muchas cosas de sí, pero eso no te salva de vivir.

Tampoco sería bueno que lo hiciese. Con unas pinzas podrían hacerse unos ajustes. Pero el ajuste que la voluntad o el deseo pretenden nunca puede ajustar la vida, porque ésta se regula sola y cualquier aproximación al problema tiene que saberse limitada.

Mil veces podría escribir en esta ventana y mil cosas distintas vería.

Hay gente que parece dibujada. ¿Y vos qué te creés que parecés? Un óleo.

No lo puedo creer, ahí llegó Ceño de verdad. Es un tipo joven de barbita candado, con las cejas torturadas, que se sentó y comenzó a sacarle a un libro el celofán que lo envolvía como si fuera algo muy serio. Tiene la frente arrugada todo el tiempo. Es una forma de dar a entender que uno hace cosas importantes, que lo preocupan mucho. Que uno está compenetrado con la situación. O puede ser una forma en la que una preocupación incontrolable se hace presente. Buen nombre para una banda de punk intelectual: *Preocupación incontrolable*. El punk encuentra un gusto estético por lo peor. Tiene humor. O lo tiene para mí, que no soy punk.

Los estilos del rock son como escuelas filosóficas sin explicitación, actuadas. Representadas. ¿Esto es una hipótesis o es una mierda?

"Peinados", dice allá un cartel que se asoma a Santa Fe, y pasan dos tipos peinados con gomina. ¿Se habrán pasado del glostora al gel? ¿Sin chistar?

¿Por qué las mujeres caminan con los brazos cruzados? Creen que sienten frío pero en realidad lo que sienten es desprotección. Postulan su desprotección para conmover al macho de la especie, para que éste se inflame y actúe. *Tu calor me protegería*, simulan con los bracitos.

Estaba aburrido en el semáforo de antes de Las Heras y me di cuenta de que estos semáforos largos sirven para escribir. Cuando era chico no podía ver en la trompa de un auto...

...sino caras humanas. Me desesperaba no poder evitar la antropomorfización. Estos semáforos de mierda son tan cortos que no te dejan terminar un pensamiento. Cómo cambia...

...la situación con un cambio de enfoque. Ahora lo que más quiero es tener semáforos largos para escribir. Tengo el volante enfrente de mí, y la palanca tiembla como si estuviera emocionada. El motor ronronea como Corchi. O como Mishima. La fuerza del motor es fuerza de amor. Ay, sí.

Estacionado en San Telmo. No yo, el auto. Bueno, yo también. Edificios viejos, paredes llenas de años. ¿Por qué se desgastan las paredes? Por el tiempo, quiere decir que viven, que están vivas.

Pasa una moto con un hijo de mil putas que se complace en hacer ruido. Que su miembro se le desprenda, caiga sobre los adoquines y las ratas lo devoren.

En esa casa de antigüedades pusieron un cartel que dice "Liquidación", pero los precios son tan altos que dan risa. Toda la movida de su "Liquidación" tiene un aire de pretenciosidad y autorrespeto que no condice con la necesidad del comercio de una entrada mayor de dinero. En principio me pareció que al que querían liquidar era al cliente, pero creo más bien que el cartel con letras rojas anuncia la propia liquidación del distinguido gordo medio pelado que es el dueño. Un aristócrata no tiene muchas opciones, debe liquidarse. Además, tampoco tiene muchas cosas lindas, éste al menos.

El auto que tengo adelante no debe ser muy caro, pero tiene la apariencia de serlo. Es nacional, un Escort rojo. Hay diseños cuyo lujo es convincente. Y no siempre una forma es más cara que otra. Lo caro es crear el cuerpo capaz de sentir ese lujo y esa expansión en la línea. No digo en plata.

A veces estoy bien, pero si pienso en el futuro inmediato (lo que resta del día) bajo la forma de un *¿qué quiero?* se me desdibuja ese presente estable para dejar paso a una vacilación con centro de angustia y digestión.

Un pibe le saca una foto al dibujo del edificio del Museo Penitenciario Argentino que el gobierno de la Ciudad puso con todo amor en la vereda del edificio mismo. ¿Será un ser que vive en la representación del dibujo más que en la realidad del edificio, o será un alumno secundario haciendo un trabajo para el colegio sobre el tema "Dibujos municipales en el siglo XXI"?

Ya está. Estamos en el 2003. Cumplo cuarenta y tres este año. Un animal de cuarenta y tres años. La naturaleza invirtió mucho en mí, me sostuvo ya más de cuatro décadas. Los humanos vivimos mucho. Y siempre nos parece poco. ¿Siempre? Vamos a ver.

¿Es la naturaleza la que me hace a mí o yo soy la naturaleza y nada más? Este tipo de problemas dan prueba de la escasa capacidad de comprensión que tenemos, invadidos por conceptos toscos y generalísimos. La "naturaleza". Y bueno. Pero también sirven, esas ideas, para pensar algunas cosas. Todo está en el sonido que cada uno quiera y/o sepa sacar de estos instrumentos de pensamiento. *¿Qué tocás?* Naturaleza. *¿Te suena bien?* Sí, trueno, soplo y lluevo.

MIÉRCOLES 28

No sé qué hora es, qué tengo que hacer, qué me conviene, si puedo o no escribir en este cuaderno. Corrí a la gata que estaba durmiendo, me senté en el sillón y ella se acostó encima mío, restregando su cabeza contra mi mentón mientras yo escribo. Este sillón está muy roto, pero es el sillón más cómodo que conocí. Como debo ser cómodo yo para la gata, que no deja de acariciarse contra mí. A favor de mí, a favor suyo en mí.

No sé qué hacer, qué tengo que hacer, qué me conviene, si tengo que llamar o salir o bañarme o seguir escribiendo, si tengo que tomar alguna decisión y me olvidé.

Es fácil sentirse amenazado en el mundo de las relaciones humanas, ¿o lo es sólo para mí? Si el problema es universal o personal es secundario. Planteando esa pregunta embrollo la evidencia de lo que siento. Este sillón es un bunker inexpugnable contra toda amenaza. No, este sillón es el triunfo de la quietud sobre el movimiento y la acción. Voy a hacer lo que tengo que hacer, lo que eludo, y cuando vuelva voy a sentir que este sillón es el merecido cobijo. A la gata no le debe gustar que mi mano se mueva contra ella, pese a que tiene los ojos cerrados no deja de mover la cola.

Recuperado, estoy en "Rond Point", de la estirpe de los bares cagadores. Sólo en este tipo de bares se puede escuchar hoy en día esta música onda Ray Conniff o Caravelli. Uno de los recuerdos más tristes de mi infancia es el de una noche en la que volvíamos con mi mamá a casa en un taxi y el tipo venía escuchando en la radio un programa con este tipo de cosas. Al final, antes de bajarnos, dijo, *esta noche los muchachos se están pasando con la música*. Lo que me afecta es el hecho de que el tipo disfrutara con algo que a mí me daba, y me da, una angustia desesperada. Lo grave de esa música es lo impersonal que es. Música hecha en un mundo sin nadie, música para ningún oído. Éstos son los famosos sordos ruidos. Evidentemente ningún patriota hubiera hecho la guerra escuchando esto. O la hicieron para no escucharla. Esta música la escuchan gordos pancreáticos sentados en un sillón tomando whisky, y a medida que la escuchan desaparecen.

No sé por qué, pero contar un recuerdo es romper las reglas del juego de esta escritura. Hay unas reglas que siento pero desconozco, y que sólo puedo conocer si avanzo, si sigo sintiéndolas y haciendo de esa forma que se manifiesten.

En la mesa de al lado un tipo dice, lo juro: *Está bien, está bien, setecientos cincuenta mil pesos por mes, ¿esto deja el diez por ciento?* ¿De qué carajo estará hablando? Sigue: *Ah, cien lucas de ganancia, ¿qué dice acá? Son veinticuatro cuotas*, dice otro. El tercero en la mesa atiende el teléfono: *Estamos, estamos en eso... Después te llamo... No puedo, no puedo... estoy en otro tema...*

Me acabo de dar cuenta de que este bar se llama "Rond Point" porque es redondo.

Mi fundamental tendencia a la comparación o competencia, tan básica que no la veo. Como no veía el sentido del rond de este point.

Ahí va Socolinsky. Ahí viene, va a entrar. Se acerca a mi mesa. Está viejo. Ahora no tanto. Rejuvenece en cada segundo que pasa. Es su tendencia al niño. ¡Se sentó en la mesa de al lado, frente a mí! ¿O es Cormillot? Viene otro, menos elegante, de jean y celular. Deja sus cosas y camina, hablando. Socolinsky está impecable, tiene una corbata color coral hermosa.

Setenta y cinco lucas mensuales, dice el canoso de la otra mesa. ¿Dónde vive? *Siete mil quinientos pesos por mes, cobramos dos lucas y media cada uno.* ¿Y yo? ¿Puedo entrar yo también? Ya con esa última frase el tipo se me cayó. Lo creía un millonario, pero dos lucas y media cada uno por mes me parece una mierda. No hagan el negocio, no vale la pena. ¿Es necesario ser tres? Echen a uno y repartan entre dos. El del teléfono es inútil. También puede ser que sean tres farsantes totales, gente que juega a sentarse en un bar y hablar en voz alta como si tuvieran muchísima guita. Como juego es lindo, me gustaría jugarlo.

El amigo de Socolinsky, con voz fina, pregunta por teléfono: *¿Sabés algo de mi mujer?* Ure diría: *Sí, se la están cogiendo acá los muchachos.* Y después dice que va a tomar una "gaseosa". Dicen "gaseosa" los que dicen "por nada", se empeñan en el lenguaje educado de una forma que delata su mersada.

Qué palabra vieja: mersa. Pero linda. Y qué cerca de tersa, que no tiene nada que ver.

Socolinsky fuma: ojo. Primero mucha salud y después... ¿Por qué la gente que aparece tanto en la pantalla queda como patinada por el aire?

Estoy invitado al programa de Quique Pessoa para hablar del Che.

Me trajeron a un camarín rosado. Me siento Mimí Pons. Voy a estar con Gambini en el programa, ¿sabré qué decir? ¿Qué era lo que yo pensaba del Che?

¿Quiénes habrán estado en este camarín? Está todo medio roto, como si estuviéramos en Varsovia en época de hambruna. Aunque la asociación está mal pensada, nadie se come un revestimiento de fórmica. ¿Será eso Buenos Aires hoy? Es que me repite lo que leí, como si fuera un ajo. *En el tribunal de mi padre*, de Bashevis Singer.

Esto no es un diario, es un escribir en los momentos. Es un momentario, que suena como ofidiario, lo que quiere decir que los momentos son como víboras y es cierto, el presente serpentea, sinuoso, y entraña el peligro de la picadura mortal. Todos los peligros ocurren en el presente, en el momento. Sólo se puede morir ahora.

Ya está. Ahora un remise me lleva a San Telmo. La tarde está gris.

El conductor es un viejo hijo de mil putas que carraspea y paladea unos pollos inmensos que no termina de escupir nunca. La realidad del asco, querría bajarme. Ahí abre la puerta y descarga su excremento respiratorio.

Yo anotando todas estas cosas me siento a veces un asqueroso parecido, como si degustara como un caviar lo que no sirve para nada. Párrafos que son moco o caca que coloco cuidadosamente en estas páginas de buen cuaderno.

El tipo no se imagina que su pasajero escribe sobre él, y no precisamente cosas lindas. O tal vez lo imagina o intuye, y es eso lo que le produce tanto asco, porque le repugna verse puesto en letra, en negro sobre blanco, visto con la claridad contra la que se empeñó en luchar toda su vida. Su recurso de ponerse asqueroso, de *serlo* más bien, podría ser la prueba de que prefiere la viscosidad a la claridad. Prefiere alejar a todos inspirando repugnancia en vez de meterse lindamente en un diario ajeno.

Que se mate.

JUEVES 29

Pasar de la inmovilidad evidente de las cosas a esta escritura requiere a veces un esfuerzo. La palabra es "consignar", en el diario *consigno* lo que veo. ¿En dónde se usa? Consignas hay en las estaciones y aeropuertos, en la política, se deja en consignación una mercadería. Pero "consignar" es dejar constancia, aunque no sé de dónde sale. La consigna es lo que te dan cuando dejás la valija.

Me mezclo "consigna" con "contraseña", como si una consigna política pudiera ser algo que te franqueara el paso. Eso suelen creer, errados, los encolumnados vociferantes, pero el paso no se abre, no así. Primero te calmás, dejás de gritar, te refrescás un poco y lo charlamos.

Esta escritura es como el subtitulado de la vida. Eso quería consignar. Otra posibilidad es entenderla como el ejercicio de consignar lo que se ve, simplemente. Dejar las cosas escritas para que alguien (o yo mismo en otro momento) las retire.

La inercia que hay que romper es la de permanecer cosa, sin subtítulo, siendo, porque al decirse se completa el ciclo vibratorio. Este *decir lo que se ve* puede parecer ponerse a sí mismo un poco entre paréntesis. Una pausa. Un té. Una criollita. Ese no sé qué de las pequeñas cosas. La escritura de las propagandas es la voz estándar, compartida.

No tengo que hablar de mí. ¿Por qué? Porque no quiero. Porque no va. Éste es el típico y constante autoproblematizarme que conduce a la tuberculosis y a la muerte.

Por suerte en este bar pusieron a Divididos y sacaron a Charly. No pusieron, se oye. *¿Qué ves? ¿Qué ves cuando me ves?* Parece que Mollo padece el mismo mal. Ese preguntarse sobre uno en forma directa conduce al vacío, la respuesta está siempre en algo, en la acción, queriendo. A todo *¿quién soy yo?* responderá siempre un *nadie*. A algunos *¿qué quiero?* responderá a veces un *eso*. O, con suerte, *esto*.

Si esas masitas se creen que tengo ganas de comerlas, se equivocan. El papel del fax, que arrugué con bronca porque no entraba en el portafolio (la arruga parece el veteado de un mármol), quedó sobre la hoja en la que imprimí el mail de Juan Zorraquín. Veo mi mano escribiendo, engarzada en el pullover, engarzado en mi abrigo. No es un saco, ¿qué es?

¿Será mi mano? Hola. Tampoco me voy a poner a hablar con mi mano en voz alta porque estoy haciendo el experimento de escribir las cosas.

Quiero consignar que cuando era chico, o cuando fui chico mejor dicho (ése no era uno, hay que decirlo así), una vez soñé que sacaba fotos con la máquina de escribir. Un sueño infantil perfecto para un escritor adulto como yo, sueño que parece inventado hoy. Yo ponía a una persona frente a la máquina (yo en el teclado, la persona detrás del rodillo), le daba con el dedo a una tecla y cuando iba sacando la hoja de papel salía una foto. Sí, es el sueño de un escritor o de uno que quería ser fotógrafo y se frustró creciendo en una casa en la que había máquina de escribir en vez de cámara.

El mozo charla largamente y en voz muy alta con una pareja mayor, de más de setenta, y me dan ganas de matarlo porque no me deja concentrar. ¡Asesino de mozos! ¿Y el derecho a servir?

El que esta pareja esté, hoy jueves a las dieciséis, sentada tomando café y comiendo medialunas, y además leyendo el diario, ambos masticando y con anteojos, me da una sensación de incomodidad total. ¿No tienen nada que hacer? Se van a morir, si no hacen algo.

Labio sobre labio sobre labio y la península mía, oigo que canta la música disfuncional. Y después hay quien tiene nostalgia de esa época. Es al revés: esa época tenía nostalgia del futuro, nostalgia deseo de este momento superior en el que estamos hoy. Me había olvidado del momento, de la idea del momento. Ahora lo veo con doble filo. El momento es el borde en el que chocan las fuerzas interiores de uno, ese debate entre las versiones, frente de batalla histórico en donde el pasado y su fardo luchan contra el presente, su deseo y su futuro. Y me doy cuenta de que lo binario no es una arbitrariedad conceptual objetable como estructura mental cultural y limitante, como dicen algunos intelectuales confundidos. El choque de fuerzas, por su propia dinámica, llega siempre a resumirse en dos fuerzas principales que se enfrentan. Puede ser. Re puede ser.

Lo que me frustra de escribir así es que llega un momento en que tengo que dejar y retomar el mundo, y no me dan ganas. Querría seguir aquí, salvándome y salvando a todos metiéndolos acá muchas horas más. Primero no puedo entrar, después no puedo salir. ¡Este pibe no puede nada!

Pasa una ambulancia. Pasa un 15. Pasa una señora teñida fumando. Pasa una palmera. No, la palmera está. Habría que dejar caminar a las palmeras y plantar a las señoras que fuman. Al regarlas se apagarían. Creo que hay un placer en dejar que la asociación se produzca como quiera. Porque la asociación, cuando fluye libre, es divertida, es viva.

Hoy veo a todos viejos y fracasados. La gente es un reflejo del alma. Es cierto: lo que uno dice cuando dice "la gente" es lo que uno capta como fuerza fundamental del mundo humano. La creencia en que esa fuerza ("la gente") es como la describimos surge de que la sentimos como lo básico, el magma emotivo fundamental. La gente es uno.

El mozo reparte ceniceros equitativamente entre las mesas.

Me tengo que ir.

VIERNES 30

Si el televisor ese se cayera el tipo que está abajo moriría aplastado. Una víctima más de los *mass media*, testimonio de lo peligrosos que son los medios de comunicación cuando no están bien agarrados a la pared. ¿Podría fijarse con exactitud el año a partir del cual las señoras comienzan a ir con calzas a los bares? En todo caso, más que hacer de esto una cuestión de buen o mal gusto, sería bueno observar la disposición de la señora a dejar caer sus viejos criterios estéticos y a vestirse cómodamente para acompañar a su marido a tomar café. Pero tiene cara de resignación, ¿sabiduría o cansancio?

Y ahora otro bar.

Para el trabajo creativo es esencial una moral de acción. Moral es la paleta de valores para pintarse la vida. Hay que explicitar los principios que guían la experiencia hacia una posición erguida y habilitada, los que arman la acción y definen qué personaje es uno en qué historia. Poder o no poder dar forma depende de eso.

Pienso en Cristian y llama Cristian. ¿Por qué hay algunas cosas que consigno en este cuaderno, en este texto que decidí empezar a armar como libro, y otras no? ¿A qué obedece esta selección automática? ¿Qué estoy tratando de hacer? Lo llevo sin saber. Lo que es difícil y adecuado, tal vez lo mejor que uno puede hacer para que la cosa se geste amasada por sí misma. Pero me cuesta. Yo, que escribo tanto, escribo con dificultad.

Soy un filósofo que escribe un diario. Una contradicción, porque como filósofo tendría que descartar todo este material circunstancial y penetrar la apariencia. Pero ahora no tengo ganas de penetrar nada. Además, podríamos pensar que es otra vía, ésta, la que busca penetrar la apariencia permaneciendo con ella. Qué vejez la palabra "apariencia", la idea misma ya no quiere decir nada. En muchos casos el estudiante de filosofía tiene que retroceder en las conquistas del pensamiento para aprenderse etapas vacías como si fueran importantes. ¿Por qué los médicos no estudian los métodos de sangría de siglos pasados? Porque no son boludos, porque quieren curar. Si los filósofos quisieran pensar, y no hacer historia del pensamiento, tendrían que poder aplicar criterios similares.

Espero en una oficina. Alguien habla por teléfono en el cuarto de al lado y dice *una sala para bailongo*. Hay que aceptar que hay gente que dice "bailongo".

Es demasiada vida, yo no puedo tanto.

¿Seré yo como ese rabino de la novela de Bashevis Singer, que tenía que limitar la vida, que en todo veía el mal? Ver mucho mal por todas partes es una manera de acotar lo que de otra forma es una abundancia intolerable. Ser conscientes de la riqueza disponible nos puede matar. Tal vez mi estrategia es escribir y esquivar las cosas, porque son muy fuertes, aunque podría decir que este escribir no es eludir sino encontrar, lo cual es también cierto. Esta escritura es la operación en la que algo eludo y algo acepto, se podría decir para incluir ambas perspectivas, y es lo más justo.

Las dos secretarias hablan entre sí y no me dejan escribir en paz, las perras. Y la mina de la oficina de al lado es una de esas gargantas horribles que suenan a tabaco. Podría cantar tango. Las mujeres no deberían fumar, los hombres problema de ellos.

¿Por qué son tan lindos estos edificios viejos? ¿Será por el ambiente de la vida vivida, de tiempo que lo tocó todo?

La de la otra oficina corta, por fin, y tose: lógico. Y entonces la de acá le dice algo y se pone a hablar ella por teléfono. Interrumpe la comunicación y atiende otro llamado, que se le superpone. Ojo con lo que decís. La de la habitación de al lado vuelve a hablar. Suena el teléfono de la que estaba acá sin hacer nada. Hablan las tres a la vez. Entra una mujer oriental pero argentina y camina entre las conversaciones resultantes.

Ahora en el auto. A Lejtman siempre lo veo en la calle.

Ya sé por qué no me engancho en escribir el diario en la computadora: porque me cuesta consignar en el teclado, no me sale aludir a lo trivial, me sale más el pleno texto. Lo voy a ver a Willie, acabo de estacionar en el primer sótano de Alto Patricios, ¿cómo se llama este shopping? ¿Cómo me olvidé? Venía escribiendo y manejando, ¿se notó? ¿No es cierto que no?

Hay nubes rosas a lo lejos, detrás de las palmeras y los árboles, siluetas negras. El lago está celeste metalizado, como le decíamos al color del 404 de León. Ahí hay uno con una bicicleta que se paró, hizo flexiones de brazos (pectorales) en el cepo instalado a tal efecto, después se montó en su bici otra vez, y se fue. Mientras él pectoraba la bicicleta lo esperaba parpadeando una luz roja, como si fuera un ser atento a él.

Ruge el avión que acaba de despegar. Los otros dos únicos sonidos ahora son el reloj del auto y el rasguñar el papel de la lapicera.

SÁBADO 1º

Los caminos de las personalidades. Según cómo me adentro en este escribir se produce un paisaje u otro. Podría hablar de mí mismo, de mis sentimientos, buscar a propósito incluso el desgarrarme, como una catarsis o como una forma de la verdad, pero no siento ahora a ésa mi vía. ¿Por qué ese automatismo de pensar que ponerse en juego es desgarrarse? ¿No sería más bien osar, osar estar contento y firme y poder lo que uno quiere?

Una apariencia lánguida, solitaria, bella, es un clásico del efecto romántico. Pero después cansa, esa posición. No es interesante el personaje que no sabe y no se decide. Ser una ausencia, una indefinición, es no ser nadie, y entonces ¿qué hacemos?

También es cierto que no todo hablar de sí mismo, o pensarse, tiene por qué ser sufriente o crítico. Hay que indagarse, además, para soltarse. En ningún otro contexto la idea de libertad es más clara que en éste, cuando designa ese movimiento de ser en la fluidez. No logro decirlo bien, no como lo siento.

En el vidrio de la ventana, por el que veo Libertador y Blanco Encalada, hay reflejos de las escenas internas del bar. Es de noche y los reflejos son muy nítidos. Los reflejos en el vidrio, ese mundo traslúcido, de tan perfecto, parece un logro tecnológico avanzado, algo casi irreal, pero existe desde que hay agua quieta y luz.

Una mosca camina por el borde de mi tacita. Después da una vuelta y se camina la tapa del libro de Umbral. Camina sobre el título, camina las letras como si leyera con las patas. Qué animal inteligente, nosotros con las patas no llegamos a tanto.

De noche parece que fuera fácil ser feliz en cualquier parte. Hasta los edificios feos se ven lindos. Habría que oscurecer las zonas feas de la ciudad. Poner toldos. Es la función del árbol. O sea que los árboles son lindos además porque atenúan la luz, crean iluminaciones compuestas, pedazos de luz y pedazos de sombra.

Me quiero comprar un CD. Me quiero comprar un AB. Vendo un AB, me compro un CD y hago un EF. ¿Se pondrá de moda alguna vez hablar con iniciales? *Moza, este C que me trajo no es como lo pedí.* Pero las cosas no es fácil tenerlas como uno las pide. Mejor dicho, no hay que pedirlas, hay que hacerlas. La inmadurez del sentido común dice que la vida es un restaurante, que basta encargar para que al ratito llegue, pero no es así. Cada uno tiene que cocinarse su propia vida. El mozo no existe.

El M no existe, hay que aprender a C. Que cada uno arme su variante.

Cruzo hacia Blockbuster. Estoy empujando la puerta. Ahora avanzo por el salón y veo alrededor del cuaderno la alfombra azul y los anaqueles llenos de colores, pero como escribo al mismo tiempo y veo mi mano haciendo las letras no entiendo qué es cada cosa. Avanzo unos pasos y me paro debajo de los monitores. El sonido de una película americana es atrapante, el diálogo suave, los ruidos de las cosas, es hipnótico.

Parado en la barrera de Juramento, antes de Arribeños. Fábrica de pastas caseras: "La Reina de Belgrano". Qué reina con buena onda, poner una casa de pastas en vez de dedicarse al vicio y la frivolidad. Bueno, tal vez sea una reina que lee la revista *Caras*, pero si hace ravioles y ñoquis puede perdonársele.

Ahora en una librería, sentado en una hermosa mesa redonda de madera. La humanidad se está avivando, porque librerías así son lugares geniales. Hay música clásica, buena luz, muchos libros. Me vengo a vivir aquí.

Tengo sobre la mesa *Claves del pensamiento positivo*, de Napoleon Hill. Le leí unas frases al azar y me pareció muy bueno. Hay una mujer sentada en la misma mesa leyendo un libro que se llama *No aguanto a mamá*. El género de autoayuda me parece otro adelanto, como el de poner mesas en las librerías. Veo a dos señores y una chica más joven parados frente a uno de los anaqueles de esa sección. Ahora caminan hacia allá. Está llena de gente, esta librería. ¿Me llevo el de Hill?

Cada vez que abro el cuaderno la mayor parte de mi campo visual está ocupado por las hojas y los renglones, por el plano blanco. El mundo es el marco de las hojas, cosas sueltas que andan por ahí. Y si ando, como ando ahora, escribiendo por los rincones y por los espacios abiertos, escribiendo por el mundo digamos, es como si el cuaderno fuera una lancha y lo demás un río, una superficie en la que piso y me sostengo para derivar por lo demás, mirando indirectamente.

DOMINGO 2

El frío te aviva la cara y el sol te quiere. Porque no es otra cosa que amor lo que el sol derrama un día frío como hoy. O lo que derrama siempre, pero uno en verano no tolera tanto amor, se sofoca.

Tengo un dedo manchado con tinta negra. Termino la frase y miro en la esquina un tipo vestido de negro esperando cruzar. Y enseguida dos más que pasan al lado suyo, también vestidos de negro. Ahora pasa una parejita, menos mal, él con jean y ella con ese pantalón de gimnasia de color bordó, tan típico y tan lindo.

A éste que pasa ahora lo conozco, pero no me preguntes de dónde. Llegó el momento de hacer la salsa del domingo a mediodía. ¿Cuántas habré hecho ya? Alrededor de cincuenta por año, más, porque si bien hay domingos a mediodía que no la hago hay muchos días de la semana que sí. Por lo bajo cincuenta salsas por año. Una bañadera llena de tomate y ajo, y orégano, y laurel. Y jengibre y sal. La felicidad. ¿Y si los tomates hubiesen sido de otro color qué sería de nosotros? El semáforo tiene tres colores: color hoja, color sol y color tomate. Parece el comienzo de un cuento infantil. Otra vez lo infantil, el niño que llevamos dentro. Cuando uno piensa en el chico que fue piensa en la inocencia y en el juego, pero el niño interno es también el que se aburría fácilmente, el triste, el desprotegido que no entendía ni podía, y el que leía cosas como la aventura de Ceño y su auto color tomate. Puaj.

Me cuesta creer en las infancias felices, pero es obvio que deben existir. Es el credo melancólico el que brota de mí, un credo que solemos creer universal y realista pero que no lo es. Un credo que se sostiene con cierta ceguera, y se apoya en la explotación de los aspectos personales o sociales más tristes. Que los hay, pero no está dicho que deban primar.

Aspectos, partes: palabras útiles, psicoanalíticas, que sirven para una observación compleja y minuciosa de la propia vida y de la ajena. En vez de ser un bloque unívoco somos una compleja gama de aspectos, un dinámico juego de partes. Todo es así: partes y aspectos. Es una de las claves fundamentales para entender una personalidad, así como el fluir del río lo fue para entender el pasar constante de la vida, su movimiento interminable.

La idea del credo melancólico me parece buena. Es una fe, una militancia que se disfraza de simple verdad. Es la creencia en que la verdad del mundo, el momento más real y valioso, es el dolor. Que el rey de la vida es el sufrimiento. Es la mera neurosis, el miedo de vivir, de tener que hacer algo con la intensidad inevitable, temor de dar el otro paso. Nadie dijo que vivir iba a ser fácil.

Es bueno también que me haya dado cuenta de que es el credo melancólico el que determina sordamente la actitud crítica. En su virulencia la crítica parece un movimiento de fuerza, pero se basa en la debilidad que hace aparecer el credo melancólico como verdadero. La fe de los tristes.

Me gusta la sensación de que puede ser desafiado el valor de la posición melancólica, como diría Ximena. Como haría Ximena. Como hace Ximena.

Ahora no hay sol porque es de noche, y es mejor así. Si hubiera sol de noche sería aterrador. *Sol de noche* es un lindo título. Da muy melancólico, también, porque tira la onda "una luz en la oscuridad, el solito en medio de un entorno hostil, una pequeña conciencia perdida en tanto vacío". Ésa es la melancolía, la descripción del mundo que parte de la sensación de que uno es blandito y el mundo muy duro. Lo melancólico es el recuerdo de que una vez fue así, cuando éramos chicos y éramos uno con mamá. El melancólico es el bebé crecido que aprendió a hablar y a vestirse, que juega a ser grande pero que siente que el fondo emocional de todo, la verdad que palpa en cada cosa, es aquella indefensión hoy transformada en percepción de abandono y decadencia. Porque recuerda el mundo feliz, o lo alucina, en el que las cosas "eran distintas". El sentido común vive bajo esa idiota ilusión.

El amor adquiere muy fácilmente ese tono, juega con esas percepciones, como si su mayor emoción tuviera lugar en el desencuentro y no en la felicidad. ¿Será que el amor, para lograr su éxito, debe atravesar y superar ese momento, partir de ahí? En el mundo intelectual el credo melancólico se expresa en la costumbre de entender que el deseo siempre se frustra, que la fisura no cierra, que la tensión de buscar lo imposible es la mejor opción. Puras boludeces que queda bien decir pero son boludeces igual.

All you need is a miracle, cantan los tristes que escucho ahora. Las canciones melódicas son con mucha frecuencia himnos de esta fe de desencuentro, gloriosa soledad. Aprendemos al revés.

Absurdo sería querer eliminar la tristeza, pero el credo melancólico no es precisamente aceptación de la tristeza inevitable, es otra cosa, es trabajar para la fiestita del dolor, para darle valor de centro y verdad.

En la etiqueta del suéter del tipo que está sentado delante de mí, etiqueta en la espalda mirando para afuera —etiqueta indiscreta—, leí SOMO, como si la marca fuera medio grasa y hablara sin las eses. En realidad era un conchetísimo SOHO, ninguna grasada, cosa fina.

Love me, love me, say that you love me...

El credo valora más el retirarse a paladear la frustración que el insistir hasta conseguir. El credo busca el no para retirarse y doler o protestar en paz. Otra actitud sería menos adicta a esos sentimientos.

¿Sentimientos o estados? Formas de estar, situación. Conjuntos de emociones y perspectivas. ¿Cómo se habla de estas cosas? Así. Se hace lo que se puede, que no es poco. El credo diría, dice, frente a este problema: *el lenguaje es malentendido y distancia, no comunica, hace patente la frontera que los seres no pueden franquear.* Como diría una historieta: *sob.* Sonido de llanto de caricatura. El lenguaje traiciona al ser que lo usa, dicen dirían. Y pensar que eso pasa por ser profundo. Será que no saben hablar, que no saben comunicarse. Gran parte de lo que se cree cultura es boludez. Qué paradoja, ¿verdad?

Más interesante y aterradora es la inversa, también cierta: gran parte de lo que se cree boludez es cultura. Mierrrrrrrda. Buena hipótesis.

Las palabras nos encierran y cosifican. Andá. Eso te pasará a vos. Lo que pasa es que te sentís mal. Sí, en serio. Por eso te encanta la semiología. La semiología es un síntoma. Si no, no sería posible. Curate. Andá a análisis. Hacé yoga.

Hay patologías cultas: la filosofía, la lingüística, la semiología. Y no, no es igual en todas las cosas. Una cosa es hacer crítica literaria estructuralista y otra escribir una novela. También el "todo en el fondo es lo equivalente" es parte del credo. Se ha borrado el mundo, toda esa amplísima gama de diferencias. Si alguien dice o siente que "todo es lo mismo" es porque está incapacitado para penetrar en el mundo, porque el mundo es diferencia. El mundo siempre exige al pensamiento un poco más.

¿Por qué todo el mundo fuma? Las mesas parecen tener chimeneas. Ahora entiendo: la gente crea sensación de hogar, teniendo un fuego cerca, ese fuego portátil de la brasa.

Primeras palabras puestas en la computadora, todo lo anterior fue cuaderno. La gata está sobre la estufa, apagada, apenas tibia por el piloto, y Corchi casi no me deja escribir porque se pone en dos patas y estira una para tocarme el brazo. Escucho unas sinfonías de Dvořák que compré a diez pesos. El director de la orquesta, un chino con chomba roja, me mira desde la tapa del disco con los brazos cruzados. Me siento acompañado por él, que me ofrece su trabajo mientras espera que yo haga el mío. Qué buena onda la del chino. Consigno su nombre: Myung-Whun Chung.

Cuelgan bombachas y corpiños de la lámpara que ilumina mi cuarto de trabajo. No son prendas mías, son de Ximena y tratan de secarse con el calor de la estufa. La humedad convirtió esta habitación blanca en una ruina. Pronto, a medida que haya más y más humedad y resquebrajamientos, voy a poder mirar estas paredes como si fueran venerables. Cosas muy remotas van a parecer haber pasado aquí, para que haya quedado así el lugar. Al menos es lo que uno piensa o siente cuando ve las ruinas de verdad, las de civilizaciones antiguas. Pero este cuarto es nuevo, apenas debe tener unos pocos años. ¿Qué estaría haciendo Whun Chung cuando construían esta habitación? ¿Grabando este disco? A ver de qué año es... Es del 97. Puede ser. Tal vez no. Chung estaba estudiando la partitura. Tal vez el día en que terminaron la habitación Chung hizo el primer ensayo con la Filarmónica de Viena. Vaya uno a saber en qué habitaciones primorosas, en qué espacio de refinamiento. Y yo aquí lleno de humedad. Bueno, yo siempre, porque el cuerpo es agua, pero me refería al cuarto.

Tengo una cajita de disquetes tan lindos que no los puedo usar. ¿Qué será esa pelotudez, qué tipo de enfermedad? ¿El credo otra vez? Por si se me había ocurrido pensar que toda música clásica era una expresión del credo, acá Dvořák me está diciendo que no, que mucho de lo que llamamos clásico es pasión, fuerza, emoción intensa pero no melancolía. La música clásica es música de aventuras. Como si llevara una historia pero no en conceptos ni en palabras, sino en sordo movimiento psicosensible y microfísico. Justo la música se expresa sordamente, como bien prueban Beethoven o Goya, que era sordo también.

Son disquetes transparentes y flúo, de unos colores impresionantes. Me parece que ya mismo voy a usar el más lindo para hacer una copia de este texto, que está creciendo y no querría perder.

Ya está, qué lindo.

Espero a Salvestrini. No lo conozco, pero como es muy amigo de Ralph seguro nos vamos a entender. Estoy en un edificio de Madero, de esos gigantes de Catalinas. Mi primera vez. Lo espero en una sala de reuniones que parece sacada de uno de los sketches de los "Kids in the Hall" en los que simulan ser oficinistas. Hay un pizarrón Panasonic que andá a saber cómo funciona.

Es una mesa larga para doce personas. Es linda la situación de doce personas trabajando juntas en una mesa así. Me gustaría tener reuniones de doce personas. Querría dirigir la reunión y avanzar en todas las cosas pendientes. Es una especie de paraíso de trabajo. Los lugares de trabajo me gustan mucho, me imagino sentado, escribiendo, en todos los escritorios que veo. Son lugares en los que no se puede hacer otra cosa que trabajar, que invitan a eso, llaman, obligan.

Apareció un mozo vestido de mozo, bastante simpático, y me preguntó qué quería tomar. Después me trajo un café y un vaso de agua. El café más o menos, pero el vaso de agua es hermoso, y sobre la mesa de madera clara queda muy bien.

Hay un ficus maltrecho. Pobres los ficus, resultaron ser una especie decorativa, y están presos en ambientes cerrados. Pero ocupan posiciones privilegiadas. Si los ficus se unieran y compartieran los secretos que escucharon en tanta reunión importante el mundo estaría dominado por ellos.

Frente al Hospital Italiano, esperando ahora que ella busque los resultados de un análisis. Esta zona de la ciudad es bien fea, aunque hay algunos edificios viejos que son lindos. Frente al Italiano hay un locutorio que tiene un vidrio roto, hecho mil fragmentos pero en su sitio. Como una persona que contuviera su fragmentación en una apariencia de normalidad. Cumple su función, el vidrio, pero está roto. Si uno está roto tiene que volverse formal, porque es la apariencia de las costumbres establecidas la que trae el refugio de la normalidad frente al peligro de la disolución.

Este cuaderno, este diario, es como un amante, como un amor al que uno le dedica los ratitos entre tareas. Es sumergirse en el momento, un chapuzón de escritura para salir sacándose las letras que quedan pegadas a la ropa.

¿No es acaso parte del credo melancólico ese placer por Bach o por la misa de Schubert que escuché hoy a la mañana con el discman en el auto mientras iba por los lugares? Cuando el oyente está, o es, feliz, esa música es de una belleza total. Como una droga que transfigurase la realidad. Si el oyente está triste, se solaza en su melaza de amargura.

"Amarelo", dice el cartel de enfrente. Pasa un ciclista con una luz parpadeante en el culo. Cómo han cambiado las costumbres...

Es evidente que el público de los cuartetos no cultiva el credo melancólico. Me refiero a los cuartetos cordobeses, porque lo que está en veremos es lo que cultivan los cuartetos de cuerdas. Es sutileza, pero es dolor; es pasión, pero es dureza de la vida. No sé.

También está el problema del miedo que da el entusiasmo. Si uno se copa demasiado con algo siente una especie de desenfreno que adopta distintas apariencias con mala prensa: o es frivolidad, o fanatismo, o demasía de afecto, o ridiculez propia, o incapacidad de ser serio. La seriedad es una idea peligrosa. Claro que depende de los contextos en los que actúa, pero muchas, las demasiadas veces, la idea de seriedad es aliada de una contención asustada, que prefiere quedarse en el molde a derrapar.

Derrapemos. Mentira, no quiero eso. ¿Cómo se hace para ser burgués y aventurero al mismo tiempo?

De eso me hablaba Salvestrini hoy, del libro norteamericano que estaba leyendo, en el que se habla de los burgueses bohemios. Más allá del desarrollo histórico que hacía me sentí identificado con ese estilo mixto, a medias vida corriente y a medias aventura. ¿Quién habló de medias?

Tomasito. Tom.

La aventura psicodélica burguesa es posible, es la mirada de Alf, o la del poeta cuando no derrapa para el lado de la seriedad literaria, que tiene mucho de seriedad y poco de literaria. Porque la literatura real se sirve, alimenta y vive en la desprolijidad de la vida y no en la sesuda referencia histórica o lingüística. Bueno, cada uno tiene sus bemoles.

Que lo que quería decir era que se puede ser lisérgico en el contexto de una vida ordenada, es más, sólo se puede serlo allí. Muchas preguntas: ¿qué es ser lisérgico?

Ser lisérgico es prestarse al movimiento ondulante de la vida, seguir la huella de una forma que varía enloquecidamente y ver, ver alrededor y a través de ella, ser capaz de una conciencia que encuentra éxtasis visibles en la pavada de vivir. Porque la vida no es ninguna pavada, ni lo es el McDonald's, ni el mosquito que ahora me pica, ni el cana que pasó caminando por la ventana. Es el dominio de lo burgués en la mirada el que representa la vida como domesticada y como pavada, pero es problema de ellos, de esa mala conciencia, la gran pavada entre las pavadas. No es algo meramente social; lo burgués es el miedo, la seriedad, el conservadurismo en acto y espíritu.

La palabra "burgués" o, mejor dicho, el uso verosímil de la palabra "burgués" lo obtuve del director de cine Lindsay Anderson, que una vez estuvo en Buenos Aires y del que me hice por azar muy amigo. "Burgués" es una palabra llena de reminiscencias marxistas, pero él la usaba en un estilo más libre. Ahora me doy cuenta de que la usaba estéticamente. Se la pasaba trabajando y tomando vasos de whisky de una botella que después al irse me regaló y que terminó tomándose Luis en casa.

Una vida ordenada es una vida que reconoce una realidad elemental, corporal, afectiva, común, que puede parecer repetitiva pero suele ser auténtica y profunda. ¿Qué no vamos a repetir, si somos todos ejemplares del mismo animal? Las variaciones son un mundo, igual.

Me aburrí de mí. Parece el título de un tema de Andrés Calamaro. ¿Es aburrimiento o es temor de decir sandeces?

Hay un Fiat Uno a una distancia de la vereda que me hace creer siempre que está por arrancar, pero el boludo del dueño debe ser uno de estos que están acá en el bar.

You are always on my mind. Los *pechos boys*, como decía Luis. Temas del credo melancólico gay, pegadizos, hermosos y dolidos. Los Pet Shop Boys son grandes por eso, porque no eludieron el peso de la melancolía homosexual. Hay cosas difíciles de vivir.

Estoy en la cama, escribo a la luz de la tele sin volumen. Yo nunca había escrito antes. Empecé este cuaderno por probar, para ver si podía hacer algo. Siempre tuve ganas de escribir y ahora parece que me enganché. Mentira. Todo mentira. Mentir por escrito es lindo, queda convincente.

Los gatos se pelean por ocupar la cucha de canasta que está debajo de la estufa. Caben los dos, pero muchas veces no se toleran. Ahora está Corchi parado en medio de la canasta con cara de bueno y de pobrecito, pero lo más probable —yo no estaba mirando— es que haya echado a la madre para estar ahí.

Ahora Mishima volvió, y se lame al lado del canasto. ¿Cómo se llama la cucha del gato? Al lado de la estufa alcanzan una temperatura que parece que se fueran a asar. Pero siguen vivos, por suerte.

MARTES 4

Otra vez en Paseo Alcorta, esperando que alguno de los ocho pelotudos/as que están usando Internet termine para poder usarla yo, que tengo que trabajar y no me daba tiempo de ir a casa. Para colmo hay una música de mierda. Hace un cuarto de hora que estoy aquí, y ninguno parece querer terminar. Además, antes que yo hay otro tipo. Un imbécil habla por celular y no usa la máquina. Estos tarados vienen acá a pasar el día. La de al lado ahora también, celular. Los dos primeros, los de acá, chatean. El que les sigue no sé qué carajo hace. Los dos que siguen, Hotmail. Y más allá no veo. Yo al menos me senté, el que está antes que yo se queda parado, sosteniendo una columna.

Qué vidas feas que hay. Así se ven otras vidas desde la mía. ¿Intolerancia? También expresión del amor que siento por la mía, por mis cosas. Me voy a ir a comer una ensalada, porque estos tarados no terminan más.

Escribí un párrafo y lo taché, bien hecho. Estaba escrito con vacilaciones, blandamente, y acá no se aceptan tales cosas. Prosa militar quiero, no incierta.

¿Viajando en colectivo se puede escribir? Tengo sueño. Sólo veo taxis. Y una camioneta de fletes. Un barbudo con una bolsita de plástico llena de naranjas levantó del piso un cigarrillo encendido y lo apagó para llevárselo. ¿Se le habrá caído a él? El conductor de mi colectivo, mi conductor, toca la bocina. Pasamos por la esquina de la casa de Pajarito, Santa Fe y Gallo. "Las Vegas" cerró, pensé que estaba en reformas pero no se ve movimiento. Una cuadra y media para allá queda la escuela a la que fui de tercero a séptimo grado. Ahora muchos hombres usan ser calvos, curten cabeza rapada. Llegamos a Pueyrredón. Sweaters 34 $. Un auténtico mendigo, de barba larga, toma una gaseosa de McDonald's, vaso grande, sentado en el umbral de una casa vieja. Nada más parecido a un filósofo. No es que los filósofos no tengan trabajo porque estudiaron filosofía, sino que estudiaron filosofía porque no son de trabajar. Es la versión que el clásico inmigrante básico y trabajador da del filósofo, del hijo que le salió lector de Cassirer, pero no está mal. *Andá a trabajar, salí a tomar el aire, hacé algo, por Dios.* Todos emigramos de algo. Se me está pasando el sueño, me siento bien. Hay muchas cosas para ver y anotar.

Hay una señora que tiene la mano en la boca y se le nota que está pensando. Parece congelada. Hay un pelo sobre el cuaderno, mío. El cuaderno y el pelo. Bueno, mío, debe haberse caído de mi cabeza pero no soy su dueño. Es un pelo de Dios. Un pelo del devenir de la naturaleza. ¿Un pelo de tonto? ¡Vi dos negros! Cada vez se ven más africanos en Buenos Aires. Mejor, así parece París.

"Géneros Avenida". Uruguay y Santa Fe. 300 metros calzada reducida. Un señor mayor en un Falcon marrón claro. Una chica con suéter rosado que camina abrazándose a sí misma. El colectivo tiembla y mi mano con él. Soplo el pelo. Un caniche negro pasea por la plaza que está frente al Ministerio de Relaciones Exteriores y Culto. Debe ser un antiguo embajador, que salió a caminar llevado por un sirviente.

Ahora es de noche y me tomo una botellita chiquita de vino blanco en el piso superior de Paseo Alcorta, donde dejé el auto al mediodía. En el sótano, claro, aunque es posible que el auto hubiera preferido estar estacionado acá arriba, viendo conchetas pasar. ¿Cuántas operadas recorrerán estos pasillos por día? ¿Qué tomaría el auto si estuviera aquí conmigo? Un anticongelante.

Los shoppings son mundos irreales, de fantasías y bienestar, un poco demasiado estereotipados. Está buena esa palabra, ¿qué querrá decir? La usó Ximena el otro día, hablando de una película que veíamos. ¿Qué película? ¿Qué te importa?

Esterotipado, estándar, convencional. El orden formal, externo, del que escribía ayer. O antes de ayer. Juan Antonio, hace muchos años, cuando era compañero mío de la carrera de Filosofía y yo lo admiraba, decía que ése era un índice importante a tener en cuenta: si una persona era convencional era un mal signo. Me parecía una gran idea. Después se puso demasiado rara su vida, así que la idea ahora puede ser entendida sobre otro fondo.

Cuando esta escritura prende encuentro en lo que voy diciendo mil motivos para seguir, mil motivos para pensar. Cuando no prende —el que no está encendido soy yo— todo me parece vano. Iba a poner que todo me parecía una mierda, pero apareció la palabra "vano" y ganó.

Qué japonés flaquito pasa ahí, acompañado de una rubia. En la mesa de al lado un grandote se sentó con la novia y apoyó en una silla una estructura metálica de esas que se usan para poner compacts. De esas que parecen edificios.

Eso de que la idea tiene un fondo, por ejemplo, está bueno. La idea es una figura, siempre un recorte, un fragmento destacado sobre el continuo movimiento de la realidad. Una idea es una conexión que hace chispas. Es como el contacto de la batería de un auto con la batería de otro auto. Tengo que devolver la película en Blockbuster.

Me gustaría ser como esos que están sentados ahí, él de traje, flaquito, cara de escribano poco agraciado, lentes, comiendo con su mujer en platitos de plástico. Ella tiene una cartera símil piel de cebra. Qué lindas son las cebras, animal estampado. Me gustaría ser una cebra. ¿Relinchan las cebras? ¿Graznan? ¿Conversan?

Pasan dos con barbitas mínimas. Pasa uno con sombrero de safari. Justo frente a mí una barra semicircular de Freddo. El número digital en rojo es 00. No están vendiendo mucho. Que se jodan.

Al final lo que aparece en el mundo dicho así es una... Me freno. No doy con la palabra. Temo quedar mal, decir algo inconveniente, que piensen que yo me creo algo mejor que los demás. Qué pérdida de tiempo tanta duda. Me aburro de mí mismo, del vaivén de mi prosa indecorosa.

Hoy me encontré en el bar de la esquina de mi trabajo con el guitarrista de un grupo súper famoso y su mujer. Parecían dos burgueses tranquilos. Eso me gusta. Cuando en el estadio, la estrella de Belén. Cuando en el bar, cualquiera. Es un hombre sencillo, sonriente, agradable, querible. Ella es una mujer toquetona. Hablamos de boludeces de personas normales que somos, por más que él sea habitante del trasmundo imaginario del rockero nacional y yo un diarista lleno de subterfugios observacionales.

Ahí hay uno con un sándwich en la mano que parece Pancho Ibáñez. Pobre.

Ya sé lo que es esto: un adiestramiento en la velocidad de la conciencia. Pero no, no es de velocidad el problema, es de libertad. Si uno dice cualquier cosa dice la verdad. Ahora entonces no escribo más: ¿era la verdad lo que estaba diciendo? Y yo que no me había dado cuenta.

Pero no, la verdad no es tan grave, está en todas partes. En las patas de los gatos, en las baldosas del patio de comidas, en el aro de esa señora que destapa el agua mineral con gas, en el cuaderno roto de la chica esa que está a mi izquierda.

Siento amor por todas las cosas. Auspicia este momento: Valderrobles Chablis 375 cm^3. Para semejante sentimiento es poco estímulo, debo ser yo.

MIÉRCOLES 5

El día me pasó por encima, me revoleó. Son las veinte y veinte. Me acuerdo de ese compañero mío de los comienzos de la carrera de Filosofía en Caracas, maestro internacional de ajedrez, uruguayo, que cada vez que miraba el reloj encontraba un número repetido, como me pasó recién a mí. Miraba: 10 y 10. Miraba otra vez: 11 y 11. Miraba nuevamente: 12 y 12. No me acuerdo su nombre. ¿Manuel? Me gustaría verlo. Se iba con una novia de tamaño chico que tenía a pasar el día a un hotel y se llevaban latas de comida. Si el mundo fuera una película yo ahora tendría que levantar la vista y encontrarme con él parado frente a mí. ¿Manuel Pereira?

Si este cuaderno fuera mágico yo escribiría algo y al terminar de hacerlo lo encontraría frente a mí. Veo una valija con plata: ¡blum!, una valija con plata. Veo a Ximena sonriendo frente a mí: ¡blum!, Ximena sonriendo frente a mí.

Los medio místicos dicen que la vida es así, que hay que pedir para obtener. Visualizar se le dice a la operación de construcción imaginaria de algo para producir su existencia por manipulación incorpórea de la realidad. Yo creo que es bastante así. Pero con condiciones. Por ejemplo: el modo de escribir este diario, de lograr hacerlo, no es visualizarlo terminado. Pero tal vez sí visualizarme, o verme, digamos, a mí mismo haciéndolo. O sea que la visión de la que hablan, aun siendo un poder extraño, tiene sus reglas. Y hay que aprenderlas. Siempre hay que aprender unas reglas.

Estoy en "Selquet", de la estirpe de los bares con estirpe, o sea bares cagadores. Un bar cagador se visualiza confitería. Sobre una mesa larga pegada a un sofá han hecho una lámpara con una botella gigante de Chandon. Lo que se dice una ordinariez, pero una graciosa, porque da a imaginar que es una creación del que se la tomó. Copado por las burbujas cerebrándole el ingenio le chantó una pantalla a la botella como un homenaje cariñoso. *Tú me alumbraste y seguirás haciéndolo.*

Me doy vuelta y veo unos bigotes tremendos, fundidos a una boca que despliega una sonrisa que parece la parrilla de un auto viejo. ¿Será el tipo que se tomó el Chandon?

Primera vez que veo el dibujo de la diosa egipcia reproducido en el respaldo de los silloncitos marrones. Miro el salón y veo que hay dos tonos de marrón en los silloncitos, marrón oscuro y marrón claro. La efigie está en los que son marrón oscuro. Se ve que son los que quedan de la primera etapa del local, en la que el dueño apostó fuerte a la diosa para que le trajera prosperidad. ¿Habrá rezado en egipcio para conseguirla, habrá balbuceado borracho en el idioma de los faraones, pidiendo que su proyecto de bar cagador fructificase, diosa mía, te lo pido por favor, por lo que más quieras, permíteme lograr mi logro?

Columnas plateadas. ¿Alguna vez habrá estado lleno lleno este lugar? Me gusta más de noche que de día. Me gustaría ver qué ambiente hay un sábado a la noche. Proyecto aventura: venir a "Selquet" un sábado a las veintiuna. No hace falta Camel Trophy ni nada, la aventura está en el barrio. Ir y mezclarse con los diferentes a uno, ir y ver. La aventura es ver.

Algún mierdoso está fumando y me llega su podrido humo de mierda. Los fumadores, ¿por qué no se matarán directamente en vez de dar tan largo rodeo por la vida?

Se empieza a fumar como una forma de parecer adulto. El fumador elige la impostura como su vía, como su estrategia. Esto es así y nadie me va a convencer de lo contrario. Y al elegir la impostura, es decir, la inautenticidad, elige la muerte. No es que todo fumador sea siempre inauténtico, pero hay una parte muy fuerte de él que sí lo es. Paga el precio de esa opción entregando pulmones y años de vida. ¿Por qué me dan bronca si son unas pobres personas víctimas de su imposibilidad? Porque me tiran el humo en la cara. Yo me como las uñas, pero no se las escupo sobre el filet de merluza.

Ese tipo de pullover joven se parece al hermano de De la Rúa. Y por lo tanto a De la Rúa mismo. Este bar, ahora que lo pienso, es muy De la Rúa. Pensar que si no se hubiera puesto tan ambicioso Antonio estaría aquí ahora con un amigo y un pullover de su hijo. Usar el pullover de otro es vestir su calor, como si el calor proviniera de un abrazo que ese otro da y no de la lana. Pero la lana es otro en sí misma, otro oveja, tal vez reencarnación de algún presidente antiguo.

En vez de diosa egipcia tendría que haber usado como emblema del lugar la imagen de un gaucho. No estamos en El Cairo. No andamos de costado. Lo cierto es que esta diosa egipcia huele medio a gaucho. Tal vez es una egipcia que vino a pasar unos días a Buenos Aires y se arremolinó con un gaucho que había venido del interior a hacer una diligencia, que le dio unos rebencazos y unos mates y la engualichó con su amor lleno de bigotes y se la quedó.

Quiero comer, quiero bañarme, quiero acostarme, quiero verla, quiero prender la tele. Quiero ver a los gatos. La aventura del hogar, la aventura de ser uno mismo, la aventura de la confianza, del placer doméstico, de la intimidad, de la diversión y del pensamiento.

La diversión es el pensamiento: el humor es la clara prueba de esto.

Una voluta de humo viene hacia mí, me aparece por el costado, y yo la confundo con un perro. Es mucho mejor un perro que el humo. ¿Dónde quedó el libro de anécdotas de la vida de Beethoven que compré en Montevideo? Beethoven podría ser perfectamente un nombre uruguayo. ¿Me habré comprado cualquier cosa?

La que fuma es la tarada que está atrás mío. Parezco bueno, pero le digo tarada a cualquiera. Y qué querés.

¿Por qué no le puso "Cleopatra" y se dejó de joder? ¿Quién era Selquet? ¿Sabrán los mozos? Preguntarle a alguno puede ser un peligro, a ver si me charla mucho. No quiero que nadie me charle mucho ahora.

En el mural una mujer vestida de verde muestra sus tetas en paralelo. Las tetas siempre están en paralelo, como los ojos. ¿Serán ojos atrofiados en la evolución? También puede ser al revés, que los ojos sean tetas que eligieron un destino de visión y más allá.

Los autos circulan por la calle como los glóbulos rojos por las venas.

Los ojos ven porque rehusaron alimentar a otro, que es la función de toda teta. Lindo para un silogismo: toda teta.

Hoy escuché en el discman el *Concierto Nº 2* de Brahms para piano. Me trajo sensaciones preciosas y perdidas del momento en que conocí y sentí por primera vez ese concierto. Vivía en Perón. No tengo las palabras para decir esa sensación.

¡Están pasando "Imagine"! El tema es lindo, por lo claro que fue él al hacerlo, lo muy él que fue él en ese momento. Pero ésta es una versión Ray Conniff. Aun así, sobrevive. *Living in the past.*

Me hubiera gustado escribir cuando tuve pureza, hoy, al principio del día, y no ahora, que soy una efigie. Un efigio. *Imagine all the people...*

El manager de A.N.I.M.A.L. es grande, debe medir dos metros. Grande como el sonido de ellos. Estaban probando sonido cuando yo me iba. Cómo se ve que es arte y qué raro es ese arte. Creo que Brahms o Beethoven se hubieran copado. Tal vez no el primer día que los hubieran escuchado, pero a la larga hubieran entendido. Alejandro Taranto se llama, y es meritorio que sea un A.N.I.M.A.L., porque podría jugar en la NBA. BA es Buenos Aires, ¿y N? Nenes. Somos nenes crecidos. Un adulto, ¿qué es?

JUEVES 6

Me gusta la carne cruda, me gusta el mundo crudo. *Honestidad brutal* está en la línea de postular la crudeza de las obras. Su plan era llegar al estudio sin la canción compuesta e irse con el tema grabado. Al punto de crudeza en el grado de cocción (hacerlas cosas rápidas, dejar que todavía tengan rastros de vida salvaje, inacabada, movimiento apenas fijado) le corresponde en el caso de Andrés la crudeza de una emoción un poco desbocada. La carne cruda de este diario, su elaboración instantánea, no me lleva a desgarrarme. ¿Qué culpa tengo si no sufro mucho en estas épocas? Es porque sufrí en otras que ahora gozo. Dicho queda feo, es inexacto. Uno no goza todo el tiempo, además el verbo es un poco chancho, y además esa zeta, suena forzado, ¿nozierto?

Éste es un lugar súper estimulado. "La Farola de Núñez". Plantas que cuelgan, luces que cuelgan, televisores que cuelgan, pizzas que cuelgan, clientes sentados, música sonando. Ruido de impresora que imprime tickets. Voces.

¿Se nota, por la forma en la que estoy escribiendo, que arrastro la lapicera como arrastraría los pies si caminase? Y yo me quejo por nada, sólo porque fue un día cansador, cuando vi a un tipo haciendo footing con una pierna sí y otra no. Es decir, una ortopédica. Y pantaloncitos cortos. Trotando de noche por la avenida.

Los tres mozos con chalecos rojizos parados juntos parecen algún tipo de trío que cantara canciones bávaras.

En otra mesa un señor grande —su aspecto no da para decirle viejito— termina una botellita de tinto y come una porción de una torta llena de crema.

Veo también botellas de licores de colores insólitos, una de un verde esmeralda subido y a su lado una de un azul tal que es seguro que tomar de esa bebida hace daño. Y también una de un amarillo difícil de digerir. ¿Las bebidas se digieren? No, las bebidas pasan.

Visto desde cierta perspectiva, o con cierta onda, todo el mundo me parece interesante. Es una especie de afecto nocturno, motivado por el vino y por la caída, del día y de mí mismo. Una doctora examina las tartas arrodillada del otro lado de la heladera. Me dan ganas de saber la vida de todos. ¿Con quién viven, qué hacen además de trabajar?

Y en medio de esta normalidad de Núñez un póster de Kandinsky, circulitos, triangulitos, cuadraditos, líneas y colores. Era habitué de "La Farola de Núñez", Kandinsky, y pedía siempre la tijera para componer con la muzzarella y el fainá su mundo de recortes. "Alquiler y venta de artículos ortopédicos", dice enfrente, segunda aparición del ortopedismo en el día de hoy. Podría pedir un mecanismo para que mi prosa ande, hoy que no anda. Pero el que necesita ortopedia no es el que no anda un día, es el que no anda nunca.

Hay un género de viejos que se pongan la ropa que se pongan siempre parecen estar en pijama. La única esperanza es que con el gastarse del cuerpo se gasten también las ganas de vivir, si no vamos muertos. El grado de conciencia, de enterarse de cómo son las cosas, que logra una persona vieja es fatalmente alto. Es difícil decidirse a saber lo que uno sabe, lo que se va averiguando con la edad. Es difícil sobre todo si uno tiende a sentirse más débil de lo que en realidad es, tendencia bastante corriente.

¿Funcionarán defensas nuevas con el avanzar de la vida y uno se idiotizará un poco cuando comienza a decaer? Siempre pensé que yo iba a ser un viejo que se fumaba un porro y se iba a tomar sol a la plaza. Pero, ¿y si el porro te hace ver demasiado? ¿Si te hace querer un futuro que ya no hay? Los viejos son sabios o desesperados. Sabios, los que acceden a ese presente que es la única realidad, el momento, viejos momentáneos. Si han vivido y se han volcado en un mundo personal, gestado con su puesta en juego a través del tiempo.

Desesperados si no se despojan de la necesidad o deseo de un futuro que ya no pueden tener. También pueden resultar bien las defensas, la conciencia no siempre es excesiva, y mantenerse así un nivel de vida más o menos llevadero. Otra opción que me imagino es que uno haya vivido lo suficientemente bien como para no sentir que algo le falta. Y es claro que eso no depende de haber vivido "todo", lo que es imposible, sino de haber enfrentado las muchas muestras del ir viviendo de manera de haber hecho un todo con ellas. No sé si quedó claro pero no tengo ganas de explicarme.

Cómo se parece ése al que no es...

Un nene que acaba de llegar a la pizzería con sus padres dice que va a cortar con tres cuchillos y va a comer con tres tenedores. Dice: *asado de tira y cubanito, peceto con salchicha.* El padre es más joven que él.

Lee la lista: *filet de merluza con guarnición, salpicón de ave*. Este último nombre se refiere a un ave que tomó la lapicera para escribir y con un movimiento nervioso de un ala arrojó nerviosa tinta sobre algo. Sobre el cocinero que, enojado, la desplumó y metió en una cacerola brillante.

Eeeee... ¿me trae dos porciones de napolitana bien caliente?, dice un panzón con el chaleco a rombos. El mozo le pregunta algo que no oigo y él responde: *Por ahora eso, por ahora eso.* Pide dos porciones y dice dos veces las cosas. Jugale al dos, gordo.

Veo los balones llenarse de espuma.

Estoy cocinando mi hambre.

VIERNES 7

Las cosas pendientes pasan por mis pensamientos como cometas en llamas y no me dejan escribir. Asuntos de hoy, de la semana que viene, de siempre. Me asusta la avalancha de cosas que tengo que recordar y hacer, y me pregunto si este vértigo no me va a trular definitivamente. ¿Trular? ¿De dónde vino esa palabra? ¿Dormí con Hijitus? ¿De dónde vienen todas? ¿Vienen y van, las palabras? ¿Y uno qué?

Cuando era chico también caí en la tentación de adjudicarle a la palabra como idea un valor especial. Ahora sé que es un rebusque, uno de esos recursos de quien no muerde el mundo y entonces se ve atraído por objetos y conceptos meritorios. La palabra, el lenguaje, la semiótica, la ontología, la hermenéutica: rebusques. Recuerdo poetas en talleres literarios que hacían poemas en donde repetían todo el tiempo la palabra "palabra", como si hubieran penetrado una apariencia. Era lo único que podían penetrar, je. (No era aquélla una edad en la que se pudieran penetrar muchas cosas.)

Ahora es de noche temprano. Estoy en el estacionamiento del Paseo Alcorta. Tengo en el discman puesto un CD de Alan Rawsthorne: *Concert for String Orchestra*. Me parece lindo, pero cultiva el densismo. No sé si la escucha continuada le dará flexibilidad o me lo hará insoportable. Crece la tensión en cada paso que da. Creo que estaba muy angustiado. Angustia no es drama, angustia es exasperación y temor, mucho temor, un ataque de gran temor súbito y que en el paso del tiempo permanece súbito y cuya alarma no decae. Es la expectación de lo terrible, y cuando baja la tensión no se vuelve relajado, al menos en este caso, sino incierto. Jamás un reposo, uno de esos momentos de regocijo tras la incertidumbre que tan bien simboliza Luis cuando hace el gesto de que algo garpa. Cuando un tema resuelve una tensión en un puente de forma que la sensación emotiva es importante, casi como si fuera un orgasmo sentimental (fea imagen, pero acertada), Luis pone una mano con la palma abierta hacia arriba y la golpea con el puño de la otra. Prueben. Esto que escucho es la desolación total, me parece que lo voy a sacar, porque me hace sentir solo para siempre.

¿Será mejor el *Divertimento for Chamber Orchestra*? Eh, de repente apareció un reposo, un lugar donde es más lindo estar. Pero el tipo no se banca esa tranquilidad, al momento la vuelve inestable. Hay un rebusque de la sensibilidad. Además, nada canta en este tipo. Es un hinchapelotas. 1905-1971, qué siglo difícil para los 'clásicos'. Esta música de avanzada es ridícula, ¿adónde quieren avanzar? Si están tan angustiados no es vanguardia lo que tienen, es patología de susto y no saber vivir. Vayan a pedir ayuda. Yo lo hice y me fue muy bien. Se los digo de onda.

Buen día, doctor, lo vengo a ver porque tuve unos síntomas inquietantes.

Sí. Cuáles.

De repente noté que me estaba sintiendo un artista de vanguardia, sentí que el lenguaje del arte no expresaba al ser humano de hoy.

Epa.

Sí, que la burguesía romántica aún persiste en la sensibilidad corriente, que están pegados a una armonía caduca.

Está bien, lo tomo en tratamiento, pero sólo si viene ocho veces por semana.

¿Puedo traer mis discos?

Intenta enfermarme a mí, contagiarme su visión como si fuera una elección y no una celda.

Ah, sí, "celda" va a decir el analista. ¿Por qué no?

Ahora empezó algo lindo. Es el *Concertante Pastorale for Flute, Horn and Strings*. El *horn* suena que es una belleza. Y ahora la *flute* también, yo no sé por qué siempre digo que no me gusta la traversa si en realidad a veces me encanta. Esto está bueno, estaba menos angustiado el tipo en esta época. Dista de ser juguetón, igual. Es un nene serio que juega a la angustia. Un poco juguetón es, sobre todo cuando entra el *horn*. Debe ser difícil angustiarse mucho con un *horn* cerca.

O sea, me enganchó. Miro por la ventana delantera del auto y veo los otros autos, casi todos de espaldas a mí, juntos como cosas. Como cosas que se agarraran con la mano, quiero decir. Con esta música parecen autos sensibles. Delicados. Este *Concertante* está bueno.

Tengo que comprar pescado y alguna verdura para hacer una cena suave en casa de Oscar, que tuvo una patada al hígado. Las del hígado son las únicas patadas que se tienen, y no te las da ningún otro. Se las debe dar uno mismo, por bronca de casi hacer lo que te da tantas ganas. Es realmente paradójico pensar que uno teme lo que desea. Que hay una tensión que te lleva hacia algo pero que al mismo tiempo te hace no poder. Hace no poder, hace poder menos de lo que podrías si el objetivo no tuviera tal importancia. ¿Será así?

El *Concertante* estuvo genial. Voy a salir del auto con el *Light Music for Strings (based on Catalan tunes)*. Así me voy a los saltitos por el estacionamiento, moviendo los brazos como dos alitas. Siempre me acuerdo de Ure, cuando me salen los recursos de tono y de vida que aprendí de él. Cuando me sale el bobalicón, como en el caso de las alitas, o cuando me sale el superguaso, el que dice "orto" todo el tiempo.

Pasa uno al lado mío con un Taunus verde, como si fuera yo hace unos años.

Estuve a punto de comprar unos cuadernos pero me di cuenta de que tenían el papel muy fino. Cambié el compact, puse uno de Ravel, también nuevo, y me gusta mucho más. Tengo la impresión de que este hombre estaba mucho más concentrado, más jugado a la hora de sentir y comunicar lo que sentía. Los vanguardistas hablan de la forma en un registro abstracto y la buscan pensando porque no logran ni aceptan encontrarla en un sentir. El mismo sentimiento les parece una "idea", "la idea de sentimiento". Es el *Piano Concerto in G*. Una versión que debe haber hecho roncha, porque la compré como *Centenary Collection*, a precio de los CDs históricos. No suena bien, pero lo que sienten los que tocan te engancha y te traspasa. Monique Haas, piano.

En la cola de la caja. Me desenchufé el discman cuando hablé con el tipo del pescado, pero terminé comprando riñonada de cuadril. Un lindo pescado. Muy sangriento. No me gustaba el pescado que había y no creo que esto le haga mal al hígado pateado de Oscar.

Un gordo, es decir uno de panza enorme, pero no gordo todo él, alza una Mirinda de litro y medio. Y ahora alza, también del carrito, un Termidor de caja larga, que nunca vi. Es lindo ver qué se van a zampar los otros, qué cosas curten. Mirás las cosas, mirás las caras, y te entretenés.

SÁBADO 8

Los semáforos son eternos. La vida es un semáforo. Avenida Sarmiento, a la mañana casi mediodía, parece un Corot. Día nublado. Lluvioso.

Bajar del auto y cruzar Santa Fe fue una aventura, mínima, sintiendo el golpe frío del viento y la garúa.

La idea de que un adulto es lo que le crece a un chico en sí mismo, pero dejando su base viva, me gusta. Explica muchas cosas y me deja tranquilidad para explayar mis partes. Como si en él, pero junto a él, el chico viera crecer ese árbol de personalidad que es un adulto.

Porque yo sentía este diario infantil. Como una cosa de chico, un tipo de diversión un poco inocente. Ser adulto no es ser serio, grave, preocupado. Si fuera así no habría adultez creativa ni vida feliz. De donde se podría hasta decir que el problema social puede pensarse como el peso de una adultez pesada. Empecé a mirar a todos como si fueran la coexistencia del adulto que son y el chico que fueron y funciona. ¿Quién puede diseñar la cupé Eclipse si no un chico? Pero tampoco es así. Un chico no podría, porque hay que saber millones de cosas para hacerlo, hay que ser hasta ingeniero, y tampoco podría hacerlo el adulto que no fuera al mismo tiempo un chico.

Cada uno es un adulto y un chico al mismo tiempo. Y algunas cosas más: un animal. Pero ése es otro corte del objeto, no equivalente. El animal lo somos siempre, en parte cachorro y en parte bestia fina. Ésa es una buena caracterización del hombre, es una bestia fina. Aunque "bestia" no es la palabra adecuada, porque supone la mirada que ve en lo animal del hombre una cualidad chota, reprobable. "Animal" es mejor palabra, y más justa.

Danielito está colgando la bandera que le tiró el amigo desde el campo. Pasó del otro lado de los caños y fue a ponerla para que se vea desde allá, es decir, tanto desde abajo como de las populares. Se está esmerando.

No es tan grande como lo recordaba, Obras. El día que vi a Metheny aquí tocó tan bien y tan caliente que fue sobrenatural. Lo veías, y oías, y al mismo tiempo no podías creerlo. Ese día estuve en la popular, hoy en platea, primera fila, porque Danielito vino, se ve, a sacar las entradas en los primeros cinco minutos que se pusieron a la venta.

El asunto es qué adulto le crece a un chico alrededor. Porque a ese gordo que veo con un gorrito le creció grasa, mucha, y adentro tiene al bebé intacto. O mejor dicho (mejor pensado): es el bebé el que tiene cuerpo inmenso y no le creció ningún adulto que lo produjera un poco.

Me quiero ir a mi casa. No me los banco más. No son malos, pero ¿yo qué tengo que ver?

Para colmo no tengo luz para escribir.

Les encanta hacer largos todos los temas.

No entiendo cómo me engancharon para venir.

Me cuesta mucho hacer algo que no quiero.

El cantante me cae bien.

LUNES 10

El fin de semana casi no escribí, no pude, tuve trabajo, lo lamento, qué voy a hacer. El concierto de Los Piojos al final me encantó. Tomé unas notas con ataque de pánico y enojo, pero después visualicé el bien y me calmé. Y siguieron pasando los temas y me enganché en muchos. Fueron dos horas cincuenta minutos más una hora de espera previa, lo que no me haría feliz ni aun escuchando *La pasión según San Mateo* en una catedral europea. Tal vez eso sí. Es mi gusto de hoy.

Fumen, fumen, maricones de mierda, que es el camino al cielo. Nubes de humo a falta de nubes de verdad.

Me cambié de lugar. Ahora tengo en la mesa que está enfrente de mí a tres veinteañeros que estudian. Ella, rubia, sobria, linda. El que veo de los chicos, con buena sonrisa y buena mirada, un buen chico de esta zona. Cabildo y Lacroze. El que está de espaldas, polera roja. Pobres, las cosas que les deben hacer leer. Boludeces pseudointeligentes, sociológicas y apocalípticas. Tal vez no, y me apresuro por apresurado. Un buen motivo para apresurarse.

Winnicott pone el eje de observación en el crecimiento del individuo, en la maduración como proceso central, clave. Es por otra parte una verdad biológica de los organismos vivos y es muy útil aplicarlo a las personas, que no son ni más ni menos que organismos vivos aunque se hagan los espíritus. Me gusta, me hace bien esa noción del crecimiento. La curiosidad, el estudio, el esmero, el esfuerzo: todo eso tira para el crecimiento. Cuánto tardé en aprender la verdad del esfuerzo. La sé hará quince años, pero la sé cada vez más. Y no la sé del todo. Cuando chico creí que las únicas fuerzas valiosas venían vestidas de espontaneidad, sancionadas por el deseo fácil y libre. Hoy sé que el deseo no suele ser fácil y que la libertad se conquista arduamente. ¿Hay libertad que no haya sido ganada, precedida por algún tipo de opresión, de peso, de...?

El de buena mirada y buena sonrisa se cambió de mesa. Ahora cada uno estudia por separado. Qué lindo es ver estudiar a otro.

En la ventana hay una fila de tipos de espaldas, de camperas conteniendo personas. Son los esperantes del colectivo, que se refugian de la lluvia. Lo lindo de la lluvia es que materializa esa necesidad de refugio y de cuidado que todos tenemos. Lo que los angloparlantes llaman *care*. Es un cuidado que tiene el sentido del afecto. Como todo cuidado, además.

Así que Roberto se desmayó en la fiesta. Todos los cuentos fueron así. El eje era quién había volcado y cómo. ¿Qué es lo que pasa? La sensación la tuve hace mucho: que las fiestas eran para quedar fuera de combate: alcohol, porro, alcohol, porro, alcohol, porro, ¡knock out! ¿Es que se pasan de la medida porque se tarda en aprender que la franja del disfrute de esas ingestas se sobrepasa con la cantidad? ¿Es un aprendizaje para saber eso, para probar el cuerpo, como quien aprieta el acelerador de un auto nuevo queriendo medir la potencia del motor? Quieren medir la potencia del espíritu. O tal vez como esas sustancias y esas situaciones liberan, uno quiere ir más allá y conseguir mucha libertad. Es como la sal: un poco realza el sabor, pero si te pasás queda horrible. En la mesa de la ventana otro de veinte años estudia. Tiene una de esas barbas raras, que se alojan en caras demasiado jóvenes. La flaca en la mesa frente a mí recibió de manos del mozo una tortilla de papas. Con un ridículo morrón encima, cocina romántica. Aplaudió un poquito, queriendo dar a entender que estaba contenta. Introduciendo con un gesto infantil el contexto para el acto informal y confianzudo de comer. De zamparse una tortilla de papas. El aroma llega hasta mí. Los otros dos siguen leyendo, concentrados, como si la tortilla de papas no existiera. Ahora el de polera roja se tira hacia atrás, y le veo la cara al revés. Dice *aaaah*, desperezándose. No le pongas tanta sal a la tortilla, nena. Parece el nombre de un tema de blues.

MARTES 11

Lluvia, viento, frío. Parece el nombre de un grupo funk pero al revés de Earth, Wind and Fire. Ice funk. Escribo con los guantes verdes puestos, en los semáforos.

Las luces rojas se extienden en el vidrio lleno de gotas. Las verdes también, pero como es lógico escribo sólo cuando están rojas. Acá, llegando a Retiro, el tránsito se pone pesado. Ocho menos dos minutos. Luz verde y estamos quietos. No anda bien el auto, me parece. El motor no suena como siempre y gasta más nafta. Está fuera de punto, ¿será eso? No es un auto al dente. No está jugoso, se pasó, quedó muy cocido. Todo es cuestión de punto, como decía ayer. El arte es el manejo de los matices, en la vida y en las bellas formas. Por eso las analogías del proceso artístico con el proceso de cocinar siempre funcionan tan bien.

Estoy sentado nuevamente en el jolgorio del patio de comidas del Paseo Alcorta. Es mi parada pre-noche de ajuste de horarios y de soledad y escritura, esperando que Ximena termine de atender. Una lagrimita del San Felipe se había caído sobre la mesa y la sequé con la servilleta de papel, amorosamente. Es que soy muy devoto. Nunca me había dado cuenta de que la Villa Devoto tenía ese nombre en alusión a la devoción de un hombre. Un loco debió ser, que se fue a rezar por allá lejos, entre los árboles. Antes era lejos, hoy depende. Era un déspota, seguro, y en su pseudosoledad maltrataba a los indios. Un buen ejercicio de historia sería mezclar los hechos y después darlos en confusión a los estudiantes para que los direccionen y ordenen. La disciplina, en vez de "literatura comparada", se llamaría "confusión histórica".

Confusión se llama la novia del estudiante, porque aprender es confundirse y bancárselá, y esperar que el orden se produzca a partir de movimientos de interés que uno hace sin saber muy bien cómo.

Vivir es confundirse.

Mierrrrda.

Cada uno es cada uno y hace lo que puede. Me gustan los *statements*: declaraciones de principios, breves, concisas, puntuales. Firmes. Algunos gestos son *statements* del cuerpo. Los gustos son *statements* existenciales básicos. ¿Uno sabe lo que quiere, en el nivel del gusto? La tentación es la de decir que el gusto es expresión inmediata de la propia conveniencia (como hace Nietzsche), pero los gustos también defienden las posiciones más conservadoras o temerosas que uno pueda tener. En una experiencia —es decir en una vida— conservadora y temerosa los gustos tienen ese carácter, pero en una de otro tipo tienen otro carácter. Qué boludez. Es cierto, pero es una boludez. Y además: uno no es una piedra, un bloque cerrado sin tensión. Uno es un encuentro debatido de fuerzas. Un encuentro batido, mejor.

¿Por qué hoy hay más gente? ¿Porque llueve? Ah, ya sé, toda esta gente tiene las casas inundadas, pobres, y se autoevacuaron en este patio de comidas. En vez de ir a una escuela de un barrio feo eligieron venir aquí. Hicieron bien. Mi solidaridad con éstos.

Solidaridad. Qué palabra gastada. Qué idea rosa, infeliz, vacía. Es un *statement*, pero uno que no va para ningún lado. Es meramente retórico. Aun los que tienen buenas intenciones, cuando la dicen quedan paralizados como en mancha-hielo.

Tal vez es una palabra para eso, para decir que uno es bueno y sensible y no hacer nada. Para palpar con mirada ciega la pared de cristal que te separa del mundo. Un poeta. La solidaridad no existe, es como Dios, la nada convertida en algo quieto.

No sé qué quiere decir: solidaridad. Quiere decir hacer propios los problemas ajenos. Quiere decir que el otro tiene un problema y uno lo padece con él, lo siente y lo ayuda. Está bien, es algo bueno. Sin embargo, hay algo que no me cierra, y que no podría decir qué es. ¿Podré decirlo? ¿Podré entenderlo? ¿Tal vez mañana?

"Combinado 2. Completo Diet más bebida: $ 6,50". Y en la foto se ve un plato negro octogonal, con el filet de algún pescado —nada de romana— acompañado por dos manojos u ovillos de ensalada posados sobre unas hojas verdes. Creo que de lechuga. Solidaridad con la lechuga.

Si uno se solidariza con algo es porque ese algo está en mala situación. No te vas a solidarizar con Macri, por ejemplo, a no ser que lo secuestren o tenga sida. Y el mal debe ser actual. Solidaridad con Juana de Arco no va.

Juana Molina podría hacer de Juana de Arco. Le calza el papel de mujer inflamada.

El señor tiene en una bandeja una cazuela que se ve sensacional. ¿Por qué se llama cazuela un sector del Colón? ¿Porque allí se cocina al público?

Cómo me creció el pelo, che...

¡Solidaridad con la cazuela contra el gordo de corbata! Claro, vos no te preocupás porque nunca vas a ser un calamar muerto.

Al gordo le llegó una hija dieciseisañera muy saludable. Ningún boludo el gordo. Pero hay evidente mala onda entre ellos: la nena se sentó en la mesa de al lado, posición poco afectuosa si las hay. Enfrente pero al lado. Ella come un pedazo de pollo deshuesado (deshuesar al padre querría) con una salsa con crema y con las completamente mariconas papas nuasé.

También puede ser que ella, educada, haya dejado libre el sitio que está frente al tipo para cuando llegue la madre. Dicho y hecho: promediaba la frase anterior y llegó la madre con pizzeta. Parece una campesina mediterránea y se ríe. El que es un amargo es el gordo, al final, porque las minas tienen buena onda, pero lo que es él... *Un orto en la vidriera*, como diría Tarufeti.

Cuando Ximena ve a un chico gordo como ese que va ahí hace siempre el mismo comentario (muy adecuado): que si ella fuera la madre de esa criatura no lo dejaría estar así, que a su casa no entrarían cosas que pudieran engordarlo de esa forma. Solidaridad con el pibe. Pero en este caso es otra cosa: no es un *statement* sino una acción. En vez de hacer una pancarta ayuda al hijo gordo que todavía no tiene. Por ahora el gordo en su vida soy yo, que —además— no soy tampoco tan gordo.

Ximena es...

Pienso tantas cosas buenas de ella que no sé cuál decir. Es bárbara.

Comen con cubiertos de plástico, estos evacuados de saco y corbata. Pobre gente.

MIÉRCOLES 12

No sé cómo se llama este bar, pero sí que estoy sentado al lado de los inmensos vidrios que dan a los eucaliptos, o tus, en la calle Pampa, después de caminar media hora desde mi casa hasta aquí, leyendo un libro que me hubiera gustado leer unos años atrás y que creo que va a tener enorme influencia en mi vida, que se llama *El proyecto 50*. Su autor: Tom Peters. Enseña muchas de esas cosas útiles que no suelen considerarse generalmente tan importantes como realmente son. La lista de las materias importantes, de las que tendrían que conformar el plan de estudios básico, debería tener muchas de estas disciplinas que enseñan a hacer cosas útiles, a organizarse y trabajar.

El alto índice de desempleo podría interpretarse como una consecuencia de esta falla. ¿Por qué va a tener trabajo la gente, si no sabe trabajar? Jamás se me ocurriría publicar una frase tan injusta, que además es falsa. Cuando llegue el momento de editar el libro, si llega, la voy a sacar para no quedar mal y evitar que después me digan por la calle que soy un garca.

Tienen colgadas camisetas de *rugbiers* reputados. Reputados no es reputos. Cosa de ellos.

Suena una canción de un grupo europeo, seguro, del estilo "tristeza del amor homosexual". Europeo, peor. La homosexualidad europea (lo digo como quien pudiese decir "la poesía africana", "la agricultura canadiense") sintoniza con el hecho de que Europa sea un mundo muy viejo, en el que el esplendor del pasado tiene tanto peso que produce esterilidad. No hay objeción moral para la homosexualidad. Pero hay una evidente detención o límite de la circulación de la vida en su ausencia de frutos. Por eso hay tanta afinidad entre el homosexual y el arte, porque la producción vital que no tiene salida por un lado la tiene por el otro. El que leyó "orto" en vez de "otro" que se haga cargo.

Cuando encuentro un libro del que puedo obtener tantas cosas, al punto de hacerme sentir un shock de movilización y decantar tantas acciones posibles para mí, me siento súper feliz. Está todo mal dicho: porque no es "el efecto de un libro", es el camino de la acción, que llega a encontrar una revelación de este tipo. ¿Cuál? La de un método de organización que pasa por identificar una línea de acción con el nombre de "proyecto" y por fijar los pasos a través de los cuales puede lograrse. La acción, en proceso de atragantamiento, encuentra una boca de expendio en un libro que la ayuda.

En un panorama en donde el trabajo no te lo "dan" hay que aprender a inventarlo, hay que ser capaz de mucha iniciativa y efectividad. Puede surgir una queja o una desilusión, pero es puro miedo, porque el movimiento requerido es en realidad un placentero uso de la propia fuerza. Uno siempre se está negando a ponerse en movimiento, enteramente, cuando es lo mejor que nos puede pasar. La inercia amenaza y argumenta.

Es de noche, ahora. Hace frío, todavía. Acaba de salir una señora a los gritos, gritos suaves, protestando porque le dijeron que no le prestaban el baño a su hijo que tendría unos cuatro años. Le pregunto a la que me atiende y me dice que el baño está clausurado porque no tiene agua. Y yo que estaba por pedir la cabeza del dueño. ¿Será cierto? Qué difícil es la vida.

Extraño a mis amigos. Ahora mi amigo es este cuaderno lleno de hojas y de renglones, con los renglones vacíos que debo pacientemente llenar. Qué momento emotivo.

Me cae muy mal el tipo ese (seguro que fuma tabaco) que está sentado en la mesa que está frente a mí, por su cara, por la posición del cuerpo, por el sonido de su voz. Se ve que es una de esas persona secas, cerradas, sórdidas (¿nada más?), que son refractarias al afecto y que nada les importa un carajo. Eso es tener ojo clínico, todo lo que veo en él y no lo miré ni un minuto. Tal vez me equivoqué. Lo perdono.

La que tiene voz de carnicero afónico (qué feo decir "disfónico", el rasgo del "detalle" correcto, como si fuéramos todos fonoaudiólogos como era Haydée...), la que tiene la voz de pedicuro afónico, decía, es la rubia que está con el desagradable perdonado. (El pedicuro se afoniza de tanto tener en sus manos pies ajenos, que le acercan el piso rasposo y caminado y le percuden las cuerdas vocales.)

74

Cuánta gente seria que hay en el mundo, cuánta gente formal, común, normal. Deben tener otros intereses. Veo esa pareja de allá y me parece bueno que haya personas que no quieran parecer nada, que simplemente sean lo que son. Haciendo gala de arbitrariedad y existencia indomable uno adjudica libremente mediocridad a los otros por doquier, y muchas veces termina enterándose de que los denigrados eran seres superiores. Él debe ser investigador en medicina nuclear y ella psicóloga marina. No una que trata las angustias de los capitanes borrachos de los petroleros, sino los conflictos entre los salmones y los delfines. Su consultorio debe ser un chiquero, todo mojado y con mucho olor.

JUEVES 13

Corchi está sobre el borde del respaldo del sillón, mirando para afuera el movimiento de las ramas, esperando algún pajarito o colega que le haga sentir cosas en el cuerpo. Ahora se sentó y me mira a mí, probablemente llamado por el sonido de las teclas con las que lo hago entrar en el diario. Las cosas pasan por la escritura como por un proceso que las mete en este otro lado del espejo. A veces hay que hacer fuerza, porque hay cosas que no quieren pasar, que no entran y entonces uno empuja y con suerte consigue meterlas. Una vez metidas se quedan quietas, están. O tal vez no tan quietas, si después se leen y recuperan su movimiento, o tal vez están quietas cuando se quedan en el texto, pero se liberan otra vez cuando alguien las lee.

Cuando hace frío los gatos se ponen cerca de la estufa como si fuera su Dios. Cierran los ojos y meditan y agradecen el calor. Si uno hace algún ruido ellos abren un poco los ojos y miran desde su más allá desconocido el origen del sonido perturbador. Puede ser una molestia el ruido que los saca de su mambo felino, pero creo que consideran todo benignamente, acumulados como están en sí mismos por el amodorramiento trascendente.

Cuelgan desde la lámpara, cerca de la estufa, una bombacha, un corpiño y unas medias negras, caireles de confianza e intimidad. Ella está aquí representada por sus prendas erógenas. Las nubes atraviesan la ciudad, excitadas por tanta construcción, para retomar su destino de campo o de río.

Me acabo de bañar y estoy hirviendo. Me debato entre caminar o escribir, la salud o la enfermedad. Nada de eso. Muchos escritores juegan a que la escritura es su vicio secreto, y adoptan una postura de malditos que se supone valiosa y a mí me parece un poco sonsa. Qué lindo decir "sonsa", palabra casi idiota, y eludir adjetivos severos. Tal vez no la adoptan intencionalmente, esa postura, además, cada uno hace lo que puede y le sale.

Es increíble lo mucho más rápido que escribo en el teclado que en el cuaderno. Ray Bradbury dice que él se busca la máquina de escribir más rápida que pueda encontrar para que la velocidad le permita captar todo lo que se le ocurre sin pensar. Le quiere ganar a sus mecanismos de control e inhibición. Otra opción es lograr superarlos por la fuerza y no por la velocidad, avanzar con pasos que al pisar se sostengan aun en el barro del no saber, quedarse parado en el viento de la censura y que éste te despeine un poco y vos no alterarte. O sentirte un hombre en la lucha. O una mujer en la ducha. ¿A quién le hablo de repente, con este vos? A alguien que lea, al que está siempre implícito en cualquier palabra formulada.

El teléfono es el enemigo de la cultura, porque suena todo el tiempo. El enemigo de la concentración. El amigo del amor, porque trae su voz, tantas veces por día, y su compañía.

Carmen baldeó el patio con agua caliente. Tiraba los baldazos y subía el vapor hasta la nube. Carmen alimentaba la nube, porque debe ser amiga de ella. Carmen tiene los cachetes abultados como una nube de dibujo para chicos, o de cara de viento en mapa antiguo. Por suerte esta vez no se le inundó la casa. Tal vez se hizo amiga de la nube hace poco, llevada por las circunstancias, por la necesidad de evitar que le creciera un metro de agua en el dormitorio de sus hijos.

La palabra dormitorio está en el primer disco de Invisible. No me acuerdo en qué tema, pero siempre me provocó una sensación clara. "En su dormitorio", dice la letra, y es el dormitorio de una mujer que duerme, y la veía linda y sola, yo, en mi imaginación. Volvía tarde caminando por el medio de la calle French, sobre el empedrado, eludiendo las veredas por los peligros que mis pocos años y la hecatombe antipolítica me daban a temer, sugestionado por Invisible. Volvía de la presentación de *Durazno sangrando* en el Coliseo, hechizado, poseído, trastornado por la gracia del susodicho. Invisibles eran los fantasmas reales que me hacían caminar rapidito. Oía mis propios pasos.

Dormitorio suena a cubículo de dormir, lugar destinado a la dormición. Un espacio utilitario, con sábanas y colchón y cama que los sostiene y es mullida y uno se sumerge en ese mundo de tibiezas. "Con sus pocas tibiezas", ¿dice así *Laura va*?

Será por la posición o por el mundo del sueño, pero las sábanas son otro horizonte, te dan la impresión de ser el límite visible del mundo conocido, definen también un adentro y un más allá, como los cuadernos y sus renglones dispuestos. Es el universo del sueño, del amor, donde está el cuerpo del otro, el de ella, que te hace preguntarte cómo es posible que tocarla o sentirla sea algo tan fuerte, tan reconfortante y amoroso. El cuaderno, en cambio, es la cama del pensamiento.

Estaba podrido en el tránsito y me había olvidado del antídoto de escribir en el cuaderno. Veo el Obelisco, hendiendo el aire de su ciudad. Un tipo de campera bordó vende entre los autos unos coches de plástico enormes. Coches del tráfico que achicó con sus poderes mentales y ahora ofrece, cínico, a sus potenciales víctimas.

Escucho en el discman un disco de Liszt: *Années de Pèlerinage Vol. 2 Second Year: Italy*. El tipo sacaba a pasear su dolor por Europa. Es lindo, pero demasiado sufrido. Una señora se acerca a mi ventanilla con un bebé en brazos envuelto en una mantita de lana verde tejida. Le hago que no con la cabeza y sigo escribiendo. Estoy con el dolor representado, señora, ¿qué quiere que haga con el dolor real?

Ahora estoy saliendo de 9 de Julio y por tomar Corrientes. Estoy frente a McDonald's, antes el Trust Joyero Relojero. Hamburguesas que marcan la hora, papas fritas que adornan tu solapa o el delicado cuello de una adolescente enamorada de un muerto que canta y con la cara llena de acné. Ella, no él. El muerto cambiaría su muerte gustoso por un poco o un mucho de acné.

Ahora el auto anda a paso de hombre deprimido por la calle Maipú, será, casi un estacionamiento en fila. Liszt sirve acá para cortar el aire, parece que estuviera en otro planeta y estoy nada más embotellado y con un discman. Maipú no, San Martín. Di una vuelta a la manzana para encontrar otro estacionamiento y no había. Pero en ése no voy a entrar, hay media cuadra de cola. Freno y se me cae el portafolio y todo al piso. Soy feliz.

No voy a llegar al banco y me voy a querer matar. Los taxistas son unos hijos de mil putas.

Ya está, no llegué. Salí casi una hora antes y no llegué. Tengo un odio que pide víctimas. La primera fue Liszt, porque ya estaba en un enloquecimiento de manos al teclado que lo quería matar.

¿Y vos qué me tocás bocina, colectivero de mierda?, ¿no ves que estoy escribiendo?

Ahora estoy en el escritorio del jefe, que llegó de Miami hoy, pasó por acá y después se fue a su casa a ver a sus hijos. Su mujer, suave y arquitecta, está en la planta baja ocupándose de la obra. Acá tengo teléfono, y hasta se pueden discar celulares. Puse Radio Clásica en el minicomponente, están pasando algo contemporáneo —o del siglo XX para no estar tan estrictamente atados a un tiempo que no es ya—, para orquesta, de un compositor ruso. O de Europa del Este por lo menos. Suenan gitanos y movimientos escabrosos en las cuerdas que acompañan al violín que anda a los saltos. Saltos gitanos.

El teléfono tiene una luz roja que parpadea desesperada. Y no es sugestión mía, el parpadeo es tan rápido que parece como si el teléfono sintiera la angustia del ruso autor de la obra. Un teléfono con luz de giro, ¿para doblar adónde?

Está un poco angustiado, el ruso, pero no es un explotador de su tristeza, como Liszt. Los brincos del ruso son visibles, afirmativos, lo que pasa es que está viviendo momentos difíciles. Y los lleva muy bien. Es música que desafía lo formal, pero está guiada por un sentimiento que no es abstracto, que te toca directamente. Te lleva por una aventura. La música clásica es música de aventuras. Seguro que ya lo dije, porque lo digo siempre. Porque es así, yo qué culpa tengo.

Es muy lindo lo que escucho. Abajo, en la calle Humberto I —estamos en el primer piso (¿y el plural?, ah, el que lee, cierto)—, se oye una moto arrancando y saliendo. Y escucho unos chicos diciéndose cosas. El violín charla con un viento, un momento muy suave, muy sutil y muy lindo.

Otra vez en el auto, otra vez con Liszt. ¿Por qué será que la música que a la tarde me hace sufrir a la noche me resulta linda y disfrutable? Porque la oscuridad me cobija, me hace sentir más fuerte. Debe ser porque es la hora en la que cuando era chico estaba con mi mamá. La noche es el momento de la intimidad y el hogar. Los que nos sentimos bien de noche es porque la opción hogar nos funcionó y la tenemos instalada como posibilidad. La opción hogar es la variable afectiva, el recogimiento, el encuentro, el reposo. Hay quien no puede dormir, como Ignacio o Maxi. Espero que sea por la edad, o por el momento que viven, y que puedan superarlo pronto.

Paseo Alcorta + patio de comidas + Lavaque Cabernet Merlot + *El proyecto 50.*

La mina es de terror, diría Ximena. No lo dije hasta ahora pero la sonrisa de Ximena es una felicidad constante. Estoy mal acostumbrado, porque después no hay cara que me venga bien. A uno lo que le gusta de una persona es la versión que da de la vida, la versión que es.

Nunca me importó menos que lo que escribo vaya a gustarle a los demás.

La mina es de terror. La que vengo viendo desde que me senté aquí. Me da fiaca contarla en detalle. Baste decir que con su marido fue caprichosa, intolerante e infantil (lo hizo ir a buscarle la campera que ella se había olvidado, lo hizo pedirle perdón, se levantó en un desplante equivocándose en la dirección en la que quería ir, etc.), que luce una cara de pelotuda y una actitud que el nene y la nena que tiene ya le van a achacar. El hombre —no desesperes, flaco— la debe re cagar. O si no sería bueno que lo hiciera.

Tienen unos dinosaurios tirados sobre la mesa, qué gente depredadora.

Esos dos de allá me caen bien: tienen una botella grande de tinto. Una pareja bien conformada: él canoso, de traje, corpulento; ella más joven, rubia teñida, agradable, hasta linda. Antes decir rubia teñida me hubiera parecido un concepto crítico como al mamerto de Luca, ahora el que una mujer se tiña de rubio me parece una muestra de que acepta (y le gusta) saberse ostentosamente atractiva a los ojos de los hombres. Teñirse de rubio es ser un poco puta, y eso está muy bien. Quiere decir que le gusta el sexo, que le hace espacio en su vida, y que valora más eso que una rectitud estética supuestamente elegante. ¿Debería yo ser un poco más bruto?

Me gusta ver las parejas, tratar de entender por qué se llevan bien. Me gustan las parejas que se nota que se gustan, aquellas en las que es visible que la unión es corporal y pasional. A las que les gusta coger.

Parece ridículo. Cualquiera diría que le gusta coger. Pero me refiero a aquellos a los que les gusta tan decididamente que se les nota, que forma parte de su sexualidad constante. ¿Se me notará a mí? Ojalá.

Ahí se va la posesa. Encima usa pollera larga.

En la caja del Carrefour, esperando. Sólo llevo diez latas de unos tomates perita en oferta con los que antes de ayer la salsa me salió extraordinaria. Levanto la mirada —escribo agachado en la cinta negra transportadora— y me veo en un espejo, horrible. Bueno, me vuelvo a mirar y no es para tanto.

Llego a casa, diez menos cinco, escuchando la misa en B de Bach y entiendo que el epitafio universal es "Hizo lo que pudo". Sirve para toda persona y es siempre cierto. Esta música es increíble. El sentido de reconciliación sentida con todo lo que existe es evidente. No hay nada más lindo.

El Mitsubishi que va delante mío es sin dudas el auto de un evasor. Su patente dice DGI. Le salió mal. Cuando le dieron la patente quería cambiarla, pero no se animó a decir nada por miedo a que los tipos se dieran cuenta y le hicieran una auditoría. Faltaría que en vez de un Mitsubishi el auto fuera un Audi.

VIERNES 14

Sentado en el subte sí que no escribí nunca. Facultad de Medicina. Una señora con gorro de lana cruda se acomoda al cuello una bufanda mostaza. El de al lado lleva una gorra apoyada en un sobre que parece tener una radiografía adentro. Lo que de verdad quiero es dormir la siesta.

Ahora casi a oscuras, sentado en el sillón que compraron para la gente que tiene que esperar que la reciban. Yo espero, pero no que me reciban —ya me reuní con Ralph, y ya se fue—, sino que se me pase esta especie de malestar en la panza, a la izquierda del estómago. Estuve tirado en el piso, que olía a cera, de la oficina de Ralph haciendo relajación. ¿Es el hígado? ¿Dónde está el hígado? ¿Alguien vio mi hígado?

Ésta debió ser la casa de una familia poderosa. Oigo las campanas de la iglesia de enfrente. Un sonido antiguo. Al final, los que trabajamos en la misma empresa somos como una especie de familia, como la que debió vivir hace ochenta años en esta casa tremenda.

Ya me siento un poco mejor. Gracias.

Quiero agua, pero me da fiaca ir a buscar. Ya podría irme y estoy como que no sé para dónde agarrar. Cuando uno hace relajación se relaja también la voluntad.

Estoy frente a un gran panel de vidrio repartido, típico de la época, con una puerta a cada lado y una ventana en el medio. Arriba hay dos ventiletes. Muy lindo.

Oigo las voces que salen de la oficina de Alicia. Están hablando de un programa de computadora que hace estructuras de organización. Se los oye felices.

SÁBADO 15

¿Alguna vez me enteraré si el parecido entre la forma de los relámpagos y la de las ramas de los árboles tienen alguna raíz común?

Ahora oigo unas turbinas tremendas. Turbina podría ser el nombre de un pez. Ayer —y hoy— los gatos comieron filet de gatuzo, y les encantó. Nosotros también comimos, gatuzo a la crema, un manjar. 5,90 el kilo, en el súper, muy barato. Compré setecientos cincuenta gramos.

Pasó un avión aterrizando a una velocidad tal que mientras termino la frase espero oír la explosión. Cada vez que veo un avión volar acecho la explosión. Vivo al borde de la catástrofe, al menos en lo que se refiere al vuelo. Aunque esté escuchando el suave y anodino jazz que escuchan en este bar.

¿Quiénes son esos dos que aparecen en la tapa de esa revista? Una pareja, él parece Suar pero ella no es Araceli. ¿Qué carajo me importa? Un hombre y una mujer de la mano, eso son, y eso hace una linda tapa, una pareja avanzando juntos. Qué lindo es ir de la mano con la persona que uno quiere, qué cosa sencilla y especial. Hay que ver lo intensas que son muchas de las cosas corrientes, esas que observadas desde un cierto rebusque —ese que nos acecha— parecen cosas repetidas y burguesas. Todo pasa por estar adentro o afuera. Desde afuera no se entiende, desde adentro sí. Por eso un diario no periodístico como éste es interesante, al menos para el que lo escribe, porque es un paso hacia ese adentro en el que las cosas son reales. Tarea: ver las cosas y tratar de meterse.

El mozo este me mira un poco. No tiene mala cara. En los peores ambientes siempre aparece alguien con quien uno puede entenderse bien. Mejor dicho: cuando se difumina la paranoia que hace que un ambiente parezca hostil, cuando uno supera su temor y su fobia y participa, encuentra un mundo de relaciones posibles. Es descubrir a los otros y también a uno mismo, a ese uno mismo metidito para adentro que nos hace tortugas. Bueno, y también es legítimo que uno quiera eludir algún ambiente, no se puede estar en todas partes.

Parecen hermanos. Tal vez hasta sean mellizos. La misma boca, los mismos lentes, el mismo poco pelo peinado para atrás. "¿Qué pedimos?" *Lo que vos quieras.* "¿Qué querés?" *Lo que vos quieras.* El huidizo va al baño y vuelve. "¿Qué pedimos?", le vuelve a preguntar al otro. *Lo que vos quieras.* Después el huidizo dice: *Yo, si por mí fuera, pediría chocolate con churros.* El otro dice que sí, que sean dos. Pero siguen hablando —no los oigo— y cuando llega el mozo piden dos martinis rojos.

Vienen de trotar, o de caminar, y han bajado de peso lo suficiente como para cargarse ahora mismo unos martinis. ¿Por qué será que uno se va poniendo grueso con el tiempo? Hasta las palabras que uno dice tienen peso cuando se alcanza cierta madurez. ¿Es ese peso existencial el que busca expresión corporal a través de la grasa y el ensanchamiento? Les trajeron una picada envidiable y asesina. ¿Almorzarán después? Ya es la una del mediodía. Resignar un almuerzo por un sanguchito o aperitivo nunca me va a convencer.

Estos dos gordos se terminan el aperitivo y van a una casa donde la familia entera espera escoltando el estofado. Qué linda palabra: estofado. Carne con salsa de tomate, carne que se deshilacha y se entremezcla con fideos o ravioles. Imagen de felicidad. Me parece que tengo hambre.

Estoy en esa disposición de ánimo en la que veo las vidas de las personas al ver sus caras. Una mirada y lo o la "veo". Es un ver que es un sentir, porque en realidad no sé nada de sus habitaciones, sus colchones, sus pensamientos. Todo interés por la literatura —o por las películas— es voyeurismo, deseo de saber la intimidad de los demás. Porque ahí está la intensidad y porque la intensidad del otro es el permiso o la convocatoria de la propia. O sea que pagaría por tener un sistema de micrófonos con los que pudiera escuchar lo que pasa en todas las habitaciones de cualquier edificio de veinte pisos. O por leer, mejor aún, una transcripción completa de esos diálogos. No alquilo más una película ni leo más una novela. Sólo acecho. Sería un buen encargado de la SIDE, un escritor.

¿Qué es la intimidad? Es el espacio emocional en el que uno es espontánea y naturalmente lo que es. Es siempre un logro, y tiene que ver tanto con compartir lo que uno es como con llegar a serlo. ¿No?

Esa gorda se ríe y aplaude, echando su gran torso hacia atrás como si estuviera en su casa. ¿Intimidad lograda, ha hecho suyo al mundo? También puede ser que alguien no se dé cuenta de dónde está.

La señora de la mesa de al lado se toma una cerveza. Está con el marido y con el hijo. Son grandes, el hijo tiene alrededor de veinticinco años. El hombre, grandote, toma un vaso de gaseosa. Cada vez que uso la palabra gaseosa la oigo dicha por la voz de alguien de clase baja, como un rasgo intencional de finura, un intento de no dar nombres y usar el genérico, más sofisticado. ¿Existe la clase baja? Está lleno de gente pobre, eso sí.

DOMINGO 16

Qué día el domingo. Qué desafío para la existencia. Es un tiempo obstáculo, frente al cual sólo los que son realmente felices salen bien parados. Otra experiencia temporal que funciona como una prueba es la de las vacaciones. Siempre me acuerdo de una tarada que conocí (también hacía lo que podía, pero lo que hacía era poco y feo), que se quejaba de tener que volver a su vida diaria después de las vacaciones. No me gusta la gente a la que le pasa eso. No quieren a su realidad, no supieron hacerse camino en el mundo de todos los días con lo que les gusta o necesitan. Y no me vengan con que la variable principal para lograrlo es el dinero, porque no es cierto.

El otro día pasé frente al Nacional Buenos Aires y en la vereda sonaba un tema de Los Piojos a todo volumen. Una chica flaquita se levantó y empezó a bailar de una forma un poco vulgar pero por eso mismo atractiva. Daba bronca su forma de moverse, un poco canalla, y esa bronca hacía mirarla. No era una gran sensualidad la que se manifestaba, pero algo era. En realidad no supe inmediatamente que el tema era de Los Piojos, empezó gustándome y con el correr de la melodía —lo poco que pude escuchar desde un colectivo parado en el semáforo— me di cuenta de que tenía un cierto carácter adictivo y que era de Los Piojos. Esa adicción es la que despiertan ciertas melodías, las que se dicen "pegadizas". Por lo general ese efecto suele ser recibido con mala onda por la pretensión musical crítica, pero la masa lo agradece, y también lo que hay en uno de masa y de vulgar. Cosa que existe en toda música, porque la base de la música es la repetición. Y no empiecen a joder con argumentos formales destinados a "revolucionar" esa condición.

Lo lindo de los temas de Los Piojos es que son tan sencillos que podría haberlos hecho cualquiera. Cualquiera que se hubiera bancado hacer temas tan sencillos. No logro expresar lo que quiero decir, pero lo siento.

LUNES 17

Sentado frente al lago. No tengo frío porque caminé media hora desde mi casa hasta aquí. Y porque estoy abrigado. El mundo debía ser muy distinto cuando no había jets, ni turbinas que desgarraran el aire. Un poder muy real y muy notorio. Esos poderes humanos deben ser los que debilitaron el poder imaginario de Dios. Se hizo concreto y chau.

Mujeres de a dos caminan alrededor del lago y conversan. Hay poco viento, el agua del lago está bastante quieta. Hay sol. Hay nubes leves. Las piernas me palpitan, por aquí y por allí, agradecidas por la caminata.

Acá los patos y las nutrias socializan con los humanos.

Hay argumentos escudo, como la falta de dinero en tantos casos, argumentos que sirven para protegerse de pensar y cambiar lo que sería necesario pensar y cambiar para hacer lo que uno quiere. Tal vez no es que se usen para protegerse de hacer lo que uno quiere, pero sí para evitar hacer el esfuerzo de lograrlo.

Creo que la sensación de que el mundo te ofrece muchas más cosas de las que uno es capaz de tomar es muy justa. Como la de que tenemos más libertad de la que somos capaces de usar, que es la misma dicha de otra forma. Es la misma dicha, de otra forma. Esa dicha difícil de sobrellevar y que tanta desdicha produce. En vez del principio de escasez, el pensamiento que acepta la realidad debe reconocer el principio de la abundancia. Hay tanto que es aterrador. Tanta vida, en todas partes. El imperio de la posibilidad, eso es el mundo.

Me vine al bar porque tanto argumento me dio frío. Menos mal que el concheto que habla fuerte se va. Tiene buena cara, y aunque es chiquito de cuerpo su voz es de trueno.

Leo en la pantalla de *Crónica*: "Desocupados atacan a piedrazos la municipalidad". No sé dónde será pero es posible que esté bien hecho.

El mundo cheto —cierta elegancia, cierta displicencia, cierta zona norte— tiene un aire un poquito depresivo. Como si guardar las formas produjera tristeza. Obvio que es así, en toda formalidad, porque la formalidad se alimenta de tener que resignar o desoír lo propio y desordenado y real. El orden que da la forma tiene sentido cuando desde el sentir no puede lograrse un sentido que guíe.

Sí, ya sé, veo tristeza por todas partes. La estoy tirando para todos lados para terminar de sacármela de encima. Y lo voy logrando. No es una tristeza por algo, es la fundamental presencia del credo melancólico en mi vida, cuyo fuego estoy apagando con diversas dotaciones de bomberos existenciales y experiencias de prueba y tanteo de la solidez del mundo y de mí mismo, de mi parte árbol, ladrillo, auto, canción, espuma, hojita, gato, fideo, rama al sol.

Ladrones
asaltan
colectivo
y toman
rehenes.

En la pantalla de *Crónica* hay poesías trágicas contemporáneas, por eso es un éxito. Un ejemplo de lo que parece boludez pero es cultura. Es la poesía breve de los hechos que desgarran. ¿Para qué se quiere el desgarro?

Muchos motivos: uno puede ser para no osar. Para no osar nada, porque lo peor está ahí y te acecha. Te cargás la sensibilidad con una imagen terrible y todo tu padecer se legitima y ocupa su espacio cómodo y justificado.

Hay un reloj medio de madera con un péndulo encerrado en una cajita con vidrio. Se mueve tan poquito, el péndulo, que parece que quisiera negar el tiempo que es su oficio mostrar. Reloj paradójico.

Ahora veo la mano vuelta hacia arriba que asoma desde una manta, la veo entre las piernas de un tipo parado al lado, la mano digna de un cadáver.

Asesinan a un policía
en San Miguel.

Ahora veo los pies asomando bajo la manta. Vaya uno a saber quién era ese tipo. "Un policía" es poco para saber de él.

Es muy bestial y sorprendente ese paso de un cuerpo vivo a su estar sin vida, el mismo pero otro, pero ausente, pero nada que ver. No se puede entender, creer, es un acto sobrenatural, como nacer y procrear. Lo natural nos parece sobrenatural, pero es que la naturaleza no puede ser entendida. A lo sumo podemos aceptarla con el pensamiento, acompañarla, registrarla, incluso verla, al pensar como pensamos lo que pensar podemos.

Hace cinco años moría
Juan Manuel Fangio.

Como diría Ximena, *todo tiene que ver con todo*.

20:20 Un escritor al volante. Un peligro en la avenida. Un Peugeot 504, blanco, delante mío. De mí. Mío de mí. Paseo Colón. Un edificio de oficinas, Catalinas, con todas las ventanas iluminadas.

Avanzamos hasta un semáforo en rojo y lo que tenía que pasar pasó. Choqué al Peugeot blanco del párrafo anterior. Suavemente. Choqué con el párrafo anterior. Un escritor al volante. Es como si fuera el título de una película de Olmedo y Porcel.

Semáforo rojo en Figueroa Alcorta y no sé cuál.

Ahora en un bar, más concentrado y menos móvil. Una monja come un plato de fideos. Las manos en la masa. El fideo es pecado, hermana. Ninguna connotación sexual en lo que digo, me refiero a la sensualidad del paladeo.

Miro la sombra del vaso, la sombra de la botella, la sombra de mi mano sobre el cuaderno. El vino es la única sombra de color, un rojo multiforme espiralado como el ADN. Los de Bellas Artes dicen que la sombra tiene color. Bellas sombras. Voy a la escuela de Bellas Sombras.

Es hora de que me llame, pero no me llama, ella.

Cuando la mirada mira, se pose donde se pose el pájaro de la mirada, el alado de los dos ojos, siempre hace un recorte de la realidad. Siempre hay una visión malcortada que mezcla elementos que, si uno los "ve" en serio, llaman la atención. Por ejemplo, miro para allá y qué veo:

Llama ella. Le compró una rata falsa y mecánica a los gatos y está esperándome para mostrársela.

Qué veo: la monja y una publicidad de gomas de auto, un colectivo que pasa y el salero, la palabra miércoles y las rayas blancas para que el peatón cruce, el logo de VISA y mi mano con las uñas comidas. Qué abundancia.

Hay que negarla, esa abundancia, para poder vivir, para hacer cualquier cosa, para seguir pensando. Pensar es siempre un seguir pensando, la continuación de un hilo anterior. Hilo musical. Ésa es una verdad incuestionable y notoria, pero no sé para qué sirve, qué más puede salir de ella. Puede salir el método para pensar al darse cuenta de que se trata de seguir una huella por la que se ha transitado antes.

Una mujer con tapado de piel y calzas, y zapatillas y bolso azul, espera que la luz cambie para cruzar Libertador.

Tengo el diario, el otro, el oficial, el colectivo, el impreso, en la mesa y sigo viendo las noticias como poesías.

Indemnizan
a los obreros
esclavos
del nazismo.

Feroz guerra
de pandillas
en Córdoba.

Creo que el efecto de poesía se logra con esas pausas, con ese decir de a poco. Se siente una respiración distinta, y la poesía es respiración. La respiración pausada, cargada de emoción, trae las palabras, las historias, aquello que significa algo, que dice algo. La respiración lo trae, y eso pasa por el verso.

La obra maestra
de la que nadie
se hace cargo.

Títulos de la tapa del *Clarín* de hoy. La pausa es la pausa del decir, aunque uno lea, y esa pausa del decir es momento organizado en el cuerpo. La pausa es la vía de entrada de la emoción, o de salida de la emoción del cuerpo. "Emoción" es un término clave. Quiere decir cuerpo que siente, vísceras que ven el mundo. ¿Con qué ojos? La emoción son los ojos generales del cuerpo.

No todos los titulares funcionan como poesía, no todos comunican ni abren esa emoción. La emoción es el nivel de percepción más completo de la realidad, el que incluye los sentidos revueltos e intensos de la experiencia. Incluso puede pensarse que la realidad misma se comporta siguiendo este nivel emocional, como si las emociones no fueran cosas del individuo sino del mundo mismo, como si ellas fueran un plano básico de existencia, difícil de concebir para un registro estrictamente objetivo pero consistentes en su sutileza. Avasallante sutilismo de la emoción, registro del cuerpo de una fuerza autosuficiente.

Pasó Caperucita Roja. Tanto tiempo sin verla. Dice que tiene al lobo embalsamado. Y que, como Patricia March hace con el puma que está en su oficina, lo viste con abrigo y bufanda.

Que Walt Disney se haya congelado —aunque sea mentira de alguna manera es cierto— es una metáfora perfecta de su ser niño aun siendo hombre.

Un Mercedes amarillo paró en la esquina de Blockbuster. Ahora escribo palabras difíciles como Blockbuster, pero cuando era chico no podía. Me acuerdo de cuando fui a ver el festival de Tom y Jerry con José Sztrum. Nunca más lo vi, aunque lo rastreé por la guía. Es decir: después del festival de Tom y Jerry lo vi muchos años más, pero ahora hace ya muchos que no. Su padre era peletero y él compañero mío de la primaria.

Si miro con ojos de infancia todos los autos son Matchbox, los colores son fundamentales y la noche un refugio. Pero como soy un adulto feliz no quiero ya refugiarme.

Hay tantas cosas por hacer. No me refiero al mundo, en el que la afirmación también funciona, sino a mi vida en relación con el mundo. Y pensar que la vida termina. Dicen que al morir Leonardo dijo: *Yo continuaría*. Me suena, aunque tiene un sentido inverso, al leitmotiv de Bartleby, el personaje de Melville, que repite *preferiría no hacerlo*. Leonardo preferiría hacerlo. Incluso hubiera querido hacer lo que Bartleby no quería. Mentira, un gran hacedor no hace de todo, porque su tanto hacer se alimenta de deseo personal, no es indiferenciado. Para mucho hacer, lo que te gusta es el camino.

El cuerpo vivo se regala su camino en el gusto de gustar y sentir. *El asunto no es descubrir el camino a la felicidad, la felicidad es el camino.* ¿Quién dijo esta genialidad? Wayne Dyer, el autor de *Tus zonas erróneas*. Un buen libro, cosa comprensible para quien no esté tarado por la cultura. La cita es de otro de sus libros, creo que de *Tus zonas mágicas*, que tampoco está mal.

La frase no es textual, me la acuerdo así, pero la idea está bien captada.

Cómo me cuesta muchas veces ponerme a escribir, y cómo me gusta lo que obtengo cuando hago el esfuerzo. Para sacar petróleo también hay que hacer un gran pozo. El diario es el pozo del que uno extrae el petróleo de su vida: esta viscosidad de tinta e idea que resulta tan valiosa. Al menos para uno, ¿no?

Después. Ya comimos. Hice unos fideos tremendos como los que la monja comía pecando, o seguramente mejores. Ximena está abajo, explicándole a su madre que llamó por teléfono cómo se enchufa el cargador del celular, que tiene una fichita puta inventada para fallar. Los de Ericsson dijeron a sus ingenieros: hay que inventar una ficha que falle enseguida.

Viene Ximena a mostrarme su dedo hinchado y me cuenta que se lo mostró a su analista. Los gatos no se coparon con la rata falsa, que es blanda y hace ruido de mecanismo y no de rata.

Oigo dos relojes que marcan los segundos con una diferencia mínima pero que duplica el tiempo. Uno es el que tiene la imagen de Cristo cargando la cruz. Otro es el despertador al que no le funciona la alarma y que uso para marcar mis minutos de abdominales. O los minutos de mis abdominales.

Desde acá veo el lomo de la edición de *El corsario negro* de la colección Robin Hood, el primer libro que leí. No es éste el ejemplar que me compró mi papá hace más de treinta años en una librería de la calle Santa Fe. Éste lo compré yo hace unos cuantos años, usado, porque era exactamente igual al otro.

Llegó el momento de desvestirme y lavarme los dientes, y de ir a la cama, a sentir la tibieza de su cuerpo al lado, a sumergirme en el abrazo renovador, en la almohada, la sábana, y de empezar a olvidarme de todo hasta resurgir mañana lleno de ganas de las cosas una vez más.

MIÉRCOLES 19

Pensaba que debía existir esta posibilidad, que tenía que haber en la zona un lugar que de descubrirlo me iba a dar un espacio confortable para usar cotidianamente y ser feliz. Y acá está. Es un cibercafé que me queda a dos cuadras del canal, donde hacen el café tal como a mí me gusta y donde puedo revisar el mail. Y encima me dieron una *promoción*, que es que el café en vez de un peso cuesta uno cincuenta y viene con una tartita muy rica. La pedí de ricota.

El grandote debe ser uno de los dueños y es un emprendedor total. Este bar lindo, barato, con buena onda, es la obra de personas entusiasmadas. El entusiasmo es la cualidad fundamental, madre de todas las cualidades, y se hace posible cuando uno avanza hasta eliminar el bloque inhibición/crítica que impera en los estados más débiles de la personalidad. ¿Me explico? No escucho respuesta.

El decir, la gimnasia de decir uno cómo ve las cosas, cómo siente el mundo, qué quiere, tiene que ver con esta escritura constante. Al menos en mi caso. En otros no sé. Escribir acá, dar clase, dirigirse a otros comunicando en forma dedicada complejidades que uno mismo no conoce bien.

Un cuaderno nuevo, ¿qué traerá éste? Un cuaderno es un anzuelo. Me preocupa darme cuenta de que es la experiencia de escribir despreocupadamente en cuadernos la que produce esta prosa y no mi capacidad ni nada mío ni de mí mismo. ¿Qué importancia tendría? Se ve que hoy para mí la tiene. *Quiero ser yo y no me dejan.*

El pez que este cuaderno anzuelo pescará está ahora nadando aún, porque voy por la página tres. Nada alrededor mío. El pez, digo. Boquea invisible en el espacio del cibercafé. Es grande. Ondea su cola de sopa sin tocar las mesas. Es rico como una entraña de vaca. Es un pez vaca, y lo tengo que ensartar con la punta filosa de mi lapicera blanca. No. Lo tengo que persuadir para que deje de dar vueltas a las mesas y acepte ir metiéndose entre estos renglones hasta quedar enganchado y no poder salir. Para que algún lector pueda comérselo con los ojos.

El mundo exterior, cuando uno está acá adentro, da fiaca. Y desde acá se ve como por una ventana. Veo al que está detrás de la estantería de aluminio que tiene los vasos hablar con una mujer vestida de negro. Y los oigo hablar. Suena el teléfono. Veo que suena el teléfono, ojos que escuchan, oídos que ven, cuaderno que siente. Cuando sea grande voy a ser cuaderno.

Es increíble, pero ahí veo el pez que imaginaba en el cibercafé. Estoy otra vez en el patio de comidas de Paseo Alcorta, esperando que se haga la hora de ya no esperar, y en uno de los locales que venden comidas, en el de pescados, hay una figura enorme tridimensional de algo que debe ser un pez espada. Si todas las imaginaciones se realizaran no podríamos vivir. Es que todas las imaginaciones se realizan, y es eso lo que arma el mundo. No todas. O no todas al mismo tiempo y en el mismo espacio.

Pensar que un día este lugar, tan nuevo hoy, va a dejar de existir. Tengo gusto a galletita, pero no comí galletita. Cacho me explicó lo de los corchos y ahora Cacho está muerto. Hoy intenté escuchar en el auto el volumen cinco de las *Sonatas* de Haydn tocadas por Jando pero no me las banqué, me resultó una música demasiado maricona. Creo que es esa primera sonata del volumen cinco la que no me banco. Después pasé a la *Tercera Sinfonía* de Dvořák, que además de tener un hermoso apellido hace una música emotiva, intensa, fluida, elegante. Tengo ganas de escuchar algo y no sé qué es. El disco de Robin Trower, el ex guitarrista de Procol Harum, que me regaló Juan.

En un momento de calma, de concentración distendida (¿existe eso?) y paz, todos nos entendemos. Todos tenemos momentos en los que la apertura y la tolerancia nos son fáciles. El problema es que coordinar esos momentos es difícil, lograr que coincida la paz del uno con la del otro es un quilombo. Para eso sirven los hechos públicos masivos, para coordinar paquetes de sentimientos compartidos. Eso alivia al universo, que carga —la tierra, mejor— con el peso de tantas piernas nerviosas.

Muchas noches mis piernas están nerviosas. Les hablo, las calmo. Las golpeo con una especie de martillo de madera —cosa que aprendí de Hitoshi Oshima, mi amigo japonés que se golpeaba la nuca y la espalda con un adminículo semejante para relajarse—. Ella me las acaricia. Epa. La palabra *epa* me hace acordar a Daniel Quinti, y a su tono agradable, burgués, talentoso, pacífico e inteligente. ¡Hola Daniel! ¿Me ves? ¡Eh!

Esa chica lleva su lata de cerveza como si llevara las cenizas de su perro muerto: estupefacta. Ese sí que es un lindo nombre para una boutique: "Estupefacta".

Una idea que me gusta, narrativamente hablando, es la de un paciente que, acostado en el diván, le pregunta a su analista si le presta un envase para ir a comprar una gaseosa. El desconcierto del analista es un elemento fuerte y atractivo, pero otro es la cabeza de ese paciente, capaz de sentir que el consultorio es como la casa de un amigo.

VIERNES 21

Una linda mañana, con el sol que se trasluce a través de unas nubes tenues. Bach no es melancólico, es la percepción desarmada y entregada de la belleza completa del mundo, una claridad que se siente absoluta.

Yo querría que estos cuadernos llevaran la misma sensibilidad sencilla e intensa frente a las cosas normales. Todo está en cualquier parte, en los detalles, esta luz de hoy pone en evidencia la verdad de una forma ineludible.

Son las diez y media de la mañana, estoy parado en el semáforo de Las Heras y Salguero, y voy a análisis. Más claridad. ¿Seré yo el que ve todo así hoy?

El camión de la embotelladora Morgade nos cierra el paso.

Ahora tengo parada frente a mí la unidad número cinco de la línea 110, y veo las vísceras de su motor temblar. En la ventana de atrás lleva una calcomanía de la Virgen de Luján. Patrona del transporte. Es lindo el uso de la palabra "transporte" para aludir a una emoción intensa, a una especie de éxtasis. Que no es lo que le pasa a uno cuando viaja en colectivo. Al menos no generalmente. El éxtasis en el colectivo es producido a veces por el movimiento, por la altura, por la visión de la ciudad, por la compañía de desconocidos que se transportan juntos.

Ahora es después de comer. La digestión se percibe indirectamente en la forma que uno tiene de pensar las cosas. Será porque somos animales de cultura que todo lo vemos en otro lado de donde está. Si la digestión es pesada la sentimos en el cuerpo, pero si no lo es declaradamente la vemos en las ideas que despierta, por ejemplo en este caso, la avenida Corrientes vista desde adentro de una librería con bar.

¿Por qué tengo esta fascinación frente a las cosas viejas, que estuvieron presentes en momentos pasados y lejanos? Parece una meritoria percepción del origen, de la historia, del paso del tiempo, una valoración de otros seres previos a uno, pero también podría verse como una falta de amor por el presente mío, nuestro, por el único momento enteramente real. Por más valioso que quiera vérselo, el pasado no es más que una representación, y estar pendiente de una representación es siempre una forma de restarle algo al presente. Aun cuando pueda parecer lo contrario.

La gente encara la calle con gestos distintos. En la cara con la que deambulan puede captarse su proyecto vital. Releo este texto y me parece que lo único que puede salvarlo es que yo mismo diga y reconozca que es un texto de nada. La nada en un texto. Al mismo tiempo sería la prueba de que la nada es algo. Un abordaje de no se sabe qué, pero sistemático. Eso sí. Limpito.

En la última *Writers Digest* que recibí hay un reportaje a un tipo que se llama Robert Pinsky, que acaba de sacar una antología: *Americans Favorite Poems*. Le preguntan: *Usted mencionó en su Proyecto Poema Favorito que la inspiración le vino de mirar a los estudiantes leer poesía en voz alta.* No es una pregunta. No importa. El tipo dice: *La respiración del lector se vuelve el medio del artista. A través de la distancia en el tiempo y la geografía desde, digamos, Emily Dickinson o John Keats hasta un joven estudiante de California, una forma peculiar de colaboración —incluso una forma benigna de posesión de un espíritu por otro— tiene lugar a través de la respiración. Y cualquiera que lo escucha lo siente, también. La lectura puede no ser experta, pero el fenómeno es poderoso.* Justo lo que yo decía.

Juntándolo con la idea de la percepción de la poesía en los titulares de los diarios se podría decir que la poesía de los titulares es el aliento del mundo, la respiración dramática de los hechos mismos. No andaríamos muy lejos de la verdad. Y es ésa la emocionalidad propia de las cosas, como trataba de entender en estos párrafos.

Lo que se comunica está siempre en el nivel de la respiración, por más que las palabras vuelen por el paisaje del sentido abstracto lo que hacen pasar por el cuerpo es un movimiento de aire. El aire parece menos importante que la sangre porque está en todos lados, pero a los efectos de la sobrevida del cuerpo es un elemento tan fundamental como el otro. El aire es una parte del cuerpo que anda por afuera.

SÁBADO 22

Subo por una escalera mecánica. Se escribe bien aquí, la prosa se eleva. Ahora camino por un enorme espacio lleno de mesitas. Showcase Cinema. Asís tenía razón, no hay que dejarlos que pongan nombres en otro idioma. Hay una foto de una porción de papas fritas hermosa. Rubia de mentira cuenta por teléfono público que ya se encontró con la nena, ella estaba esperando abajo y la nena estaba arriba. Qué cosa. Para colmo el teléfono le comió la

101

moneda recién y tuvo que bajar a buscar cambio otra vez. *Pucha,* como diría Wainraich.

Si uno no quiere tomar nada, y además tiene que hacer las compras, ¿cómo escribe? Ahora estoy apoyado en una especie de mesita o púlpito (no *pulpito*) que está debajo de uno de los teléfonos. Creo que es el aparato que permite a los sordos usar el teléfono. No me puedo fijar porque interrumpiría la escritura y eso es lo que no tengo que hacer. Estos días se me hizo muy cuesta arriba. Me parece que la escalera mecánica me hizo subir esa cuesta.

El éxito de este plan depende de estar todo el tiempo escribiendo (ahora camino) y de no pensar en nada que no aparezca en el momento. *Esto no sirve para nada,* por ejemplo, es un pensamiento foráneo, al que no hay que ir.

Paso caminando por al lado del Play Land Park y oigo ruidos electrónicos de corceles y de acero. Buena línea esa: *sordos ruidos de corceles y de acero.* La inflamación anímica del poeta se siente.

Creo que si hiciera buena letra me ayudaría, pero hacer buena letra caminando es difícil. Ahora me apoyé en una baranda que hay en el pasillo que da a los ascensores, pero hace más frío.

Hacer buena letra se usó mucho como metáfora de una actitud en la vida. Portarse bien. Esmerarse. No hay por qué darle un sentido de inautenticidad, viéndola como la forma de comportarse de quien disimula su verdad profunda. Esmerarse es poner amor en algo, cuidarlo, y el amor en realidad no es algo que se *pone* sin que uno mismo lo disfrute y sienta, ya que es siempre un beneficio propio el sentirlo y vivirlo. Por eso uno busca querer.

Bajo por la mecánica. Niños suben del otro lado. Nena llevada por la madre delante mío. Fin suave de la mecánica. Hall. Casi no hay carritos. Agarro uno. Rueda bien. Tipo de seguridad me mira. Es curioso, se les dice de *seguridad* pero se comportan como si no estuvieran seguros de nada.

Carbón, no.
Avellanas, no.
Nuez pelada mariposa, no.
Berenjenas, no.
¿Brócoli? Brócoli sí. Permiso.

Ya puse el brócoli, la ensalada está lista, cuando ella llegue de yoga hago el gatuzo.

Prendo la tele. Un economista habla de intereses en los créditos a las Pymes en el canal de arte. No era el canal de arte, menos mal. Ahora veo canguros avanzando en la llanura. Y en la llanura de mi cama dos depredadores combaten por el territorio. Corchi venció a su madre y ahora se restriega el hocico contra la punta del cuaderno. Mishima vuelve y huele el inalámbrico. Ahora me huele el brazo, huele el cuaderno, camina sobre las almohadas —cubiertas por la colcha— y se sienta más allá. Corchi sigue dándose contra el cuaderno, que me tiembla un poco. Ahora se acomodó, tipo paquetito de gato, y el cuaderno le hace de techo.

Éste no sé qué canal es pero me llenaron la casa de palabras en portugués.

Otra gran verdad es que uno se imagina al otro como variaciones de uno mismo, y por eso no se puede avanzar mucho en la diferencia. Siempre nos tenemos de marco de referencia fundamental —si no lo hiciéramos estaríamos psicóticos— y leemos en los estados de los demás versiones de los nuestros. Es el típico ponerse en la situación del otro que todo el tiempo usamos: qué haría yo en su lugar. Y esto tiene que ver con algo que aprendí con el análisis, que hay una constante retroidentificación (un identificarse con el otro como si se tratara siempre de uno mismo en todos los individuos distintos) que es básicamente falsa y que limita la comprensión. Limita tanto la comprensión del otro como la de uno, porque ésta surge cuando se capta la diferencia. Y la diferencia no es el reconocimiento de una forma distinta a la propia, es la percepción de una dimensión productora de hechos únicos en todo momento. Pero eso es parte de la abundancia que se nos escapa y que este diario se empeña en registrar.

¡Me acordé de un sueño fabuloso que tuve este año! Yo tocaba con John y Paul. El tema era "Hold me Tight". Ellos me tenían paciencia y me pasaban los tonos. Lo viví como si hubiera sido cierto. Tuve el privilegio de tocar con los Beatles, y lo guardo en mí como una aventura secreta.

LUNES 24

Sacarle brillo a una mesa es un logro de orden y lucimiento objetivo. Uno querría poder hacer algo así consigo mismo. Un aerosol para autolimpiarse, un desodorante del ánimo, sería lindo tener. O como los productos que se usan para hacer más negras y brillantes las gomas del auto: un revividor de las propias virtudes. O un resaltador, como los que usan los que estudian.

Cuando se vuelve a tener nitidez en la voluntad, o se logra nuevamente el alineamiento de la intención y los actos posibles, parece que el período de vaguedad hubiera sido un padecimiento ridículo. Tal vez la vaguedad gestaba o impulsaba la certeza. Era el caldo nebuloso en el que la estrella se formaba juntando gases. La lenta cocción de un punto de vista que antes no y ahora sí. Puede ser. Pero también es posible que la vaguedad sea el subterfugio que uno se arrima para evitar el avance. Los avances, tan buenos que son, están rodeados de pasajes de retorno. Casilleros de *retrocede tres casilleros*. O de *debe esperar dos turnos para volver a jugar*. Estanbáis de la vida.

La vela
en su candelabro
está por caerse
de la mesa.

También caben los titulares del mundo concreto, de este mundo de nada que busqué poner en esta novela llena de vacío.

El gordo
de pullover azul oscuro
gesticula
levantando bastante el brazo.

Pausar la realidad, escanciarla como un vino maderoso, eso es el movimiento práctico esencial de la poesía. Y ese movimiento es el método de la intensidad emotiva. Créase o no.

Ahora la palabra "lágrima" se escucha en los bares todo el tiempo. El sentido común, esa fiebre mental compartida, diría que es por cómo están las cosas hoy en día. La visión indica que es una metáfora cafetera resultante del imperio del miedo que proyectamos como comunidad en nuestros hechos políticos y existenciales, públicos y privados. Yo casi ya no, ojo.

Me dio mucho calor y me tuve que sacar el saco. Asquerosas fuman por doquier. La nube de humo avanza, me quiere asaltar, impedirme que ponga por escrito estas claridades del espíritu.

Pero yo soplo y sigo. Peor, agito el cuaderno rojo como si espantara neutrinos.

Acá en este bar hay un neutrino y creo que soy el único que se dio cuenta. Voy a tratar de pensar en otra cosa, porque el neutrino se acerca al que lo percibió y se le entromete en el cerebro con vibraciones bigóticas. Las neuronas se dejan el bigote y mueren.

¿Por qué es de macho el bigote, porque es como un pene que cruza el labio superior? ¿Porque la cara parece un pubis velludo? Porque la hormona que viriliza genera pelo por todas partes.

El flaco
con el secador
y el balde rojo
habla con el tipo
de la caja.

Ahora en casa, en la computadora. ¿Por qué me gusta la torpeza de la escritura? No cualquier torpeza. Pero veo un mundo de matices expresivos en el movimiento de no respetar la forma correcta, en producir una variación linda. No es un motivo de cuestionamiento formal, es el resultado de mi gusto.

Gustar de las cosas es tener la actitud de recostarse en el sillón de la vida. Una buena idea para que un sillón alcance su grado superior de comodidad es el siguiente: quitarle sus patas traseras. Este consejo fue presentado por: Patas Delanteras S.A.

Veo desde aquí el repasador inglés que me regaló Cristina Bugati. A ella se lo había también regalado alguien, pero me lo regaló a mí, y me gustó tanto —el repasador y el regalo— que lo tengo pinchado en una de las puertas corredizas de madera justo enfrente de mí. Son muchos tallos entrelazados, con hojas de distintas formas y flores violetas y amarillas. También hay flores lilas. "Woodland Flowers", dice. Es realmente lindo. Me hace bien mirarlo. Arriba tengo colgado el mes de julio, con las lunas y los números que identifican sus días. Sus días que son y serán, y luego habrán sido, nuestros días.

En la pared de allá está el cuadro de los huevos de Oscar Molinero. Ninguna grosería, aunque años atrás las pintaba. Se trata de una especie de bolsa de gestación de huevos de algún animal inidentificable. Colores oscuros, rojos apenas, borde oval dorado con textura de derrame de petróleo. En la esquina del techo: el mal. El agujero negro chorreado que se generó con las lluvias en esta habitación de techo mal hecho. No llora más la lluvia por el mismo, pero el llanto dejó de rimmel enchastrada la pared toda.

Francisco Umbral siempre acude en mi ayuda. Cito, de *Las palabras de la tribu*: "... la literatura cotidiana, de todos los días, sí, ese rumor del pensamiento de unos cientos de hombres pensando todos a la vez, ese abejeo de las ideas, cadencia del taller intelectual que puede oírse en tiempos de paz, como se oyen los talleres de los artesanos y los hornos de los panaderos".

Más allá de que yo nunca oí un horno —tal vez a él le pasa como a mí, y oye con los ojos—, lo que me encanta es esa visión y concepción del trabajo intelectual como de una tarea laboral, a la que hay que llevar al puerto al que llegar pueda, sin esfuerzos superiores de la intención. El mismo Umbral, sin embargo, en otras partes de este libro y de otros, habla de los escritores que "se proponen cosas", que tienen ambición literaria, como de aquellos que son capaces de los mejores logros. La ambición literaria no es la de ser reputado como escritor, es la de dar a luz un logro que uno pueda pensar y desear como escritor. Que luego produce la reputación, cierto, pero no es lo mismo.

Una novela de nada, como la que me propuse: ¿es ausencia de ambición o ambición mayor? (Me equivoco con el teclado y cuando quiero poner signos de interrogación me salen de exclamación. Estoy por dejarlos, pero quedan raros. Ejemplo: ¡es ausencia de ambición o ambición mayor! Qué increpación irrespondible...)

Respuestas:
a) Ausencia de ambición. El autor no se anima a ambicionar en paz, porque le pesa su ambición como un testiculario imposible de asumir, y se escuda en la niñería de "nada, nada, yo para mí no quiero nada". Niñería no: mariconada.
b) Ambición mayor. El autor pretende que el decurso de su decir es suficiente para hacer libro. *¿Pero quién te crees tú que eres, niño?*

En muchos momentos me calza el modo español, el tú y su mar en coche, como un rasgo de carácter. Todos tenemos un español adentro. Me refiero a los que hablamos esta lengua. El antepasado nos habita, aunque no lo registremos conscientemente.

El teléfono paradito
observa el teclado ofrecido
a mis manos
moviéndose.

¡Extra, extra! ¡El inalámbrico espera novedades junto al teclado en movimiento! ¡Extra! ¡Las manos palabrean tecleando!

El énfasis es, como lo explican los pintores aludiendo al grosor de la línea, una de las operaciones principales del sentido. Por eso el entusiasmo es tan importante, porque es un énfasis en el deseo, que ha levado cual pastel hasta creerse digno y legítimo. Qué petulancia. Qué abundancia.

El titular como modelo de todo decir. El título nobiliario no es el cargo burocrático cortesano. El título es la asunción de las cosas vociferadas periodísticamente o pausadas poéticamente. Una obviedad.

Ayer empecé a guardar este texto en la computadora con el nombre de *Bienvenidos a mí*, pero no sé. Otra opción era *Mi vida por ahí*. Y otra, *Novela de mí*. Vamos a ver qué más me traen los días.

Llega un momento en donde no quiero escribir más, quiero estar lejos de la tarea, hacer cualquier otra cosa. Pero sé, intuyo, conozco en realidad, que esto es un límite que, de ser franqueado, entrega una libertad y soltura mayores. Claro, es el camino del enloquecimiento también. ¿O ése es mi temor? ¿Mmm?

Si sigo escribiendo, o si siguiera, mejor dicho, durante una hora más, y luego durante otra hora más, llegaría a un estado de alienación productiva importante. Sí. Pero ahora oigo que Ximena a lo lejos cierra una puerta. Es señal de que el tiempo de cena ha llegado. ¡Aleluya! ¡Acabó el día del esfuerzo!

Veo sus piernas en una foto que tengo pegada con cinta scotch en la computadora. La claridad que entra por la ventana, en la foto, muestra la suavidad de las formas. Piernitas suaves y queridas, para acariciar y sentir. Le cuento que escribo sobre ella y me pregunta algo que ahora no voy a responder.

Recién cruzaba Quesada y pasé yo en un Fiat 147. ¿Qué estaré haciendo en ese auto esta mañana por acá?

Ahora estoy en el bar elegante, que bien mirado tiene algo de aeropuerto. Unas señoras hablan en alemán. Parece un idioma hecho de salpicaduras. Salpicaduras de barro en el paragolpes de un BMW. La música del salón, ahora, es un carnavalito. Pero grabado por una orquesta garqueta. Las cosas feas suelen ser designadas por palabras feas.

Caminé hasta aquí la primera media hora leyendo. Mejor dicho leí, y mientras caminé. Porque no es que lea mientras camino sino que camino mientras leo.

El sol de la mañana, entrando por una ventana, iluminando una silla, una mesa —una cama podría ser también, pero acá no hay—, me parece una visión plena de felicidad. Las sombras estiradas sobre el piso, bien marcadas, me llevan lejos, me acercan un lejos mejor dicho, una lejana sensación de alegría. Enormes ventanales llenos de árboles, además.

No sólo la poesía es respiración, toda la escritura lo es. Porque, por más que uno no escriba ni lea en voz alta, el período que se forma en una frase es expresado y captado corporalmente como si fuese dicho por el aparato respiratorio. Llamarle aparato, realmente... Con las implicancias que se le ha dado al ser un aparato.

Pero lo dicho es serio, e interesante, y lo extraje de cosas que dice Nietzsche al pasar. No es correcto hablar de ritmo, en la escritura. O lo es, pero es más adecuado y preciso captar el movimiento del aire, factor en este caso anterior al ritmo (ritmo de qué: de aire). El patrón es respiratorio. Además de que el pensamiento, tanto como la narración, se realizan en el tiempo, y por lo tanto son siempre caminos de partes que se continúan.

Una botella de Villavicencio que está en otra mesa tiene con esta luz —y pese a que está a la sombra— un verde claro que es una belleza.

El problema es que si uno se levanta temprano y aprovecha el día pronto siente sueño. ¿Será el sueño o será la piedra encadenada al tobillo? La pesadez como recurso para no despegar, para no volar por el cielo de estas cuadras, porque al que vuela lo acosan los perdigones de la envidia. ¿Sueño o piernas metidas en baldes de cemento? Seguridad. Me encementé las piernas para no salir volando. Es peligroso, hay muchos aviones y muchas ramas y muchos cables por los que vienen las imágenes de canales extranjeros.

Hace poco, en un semáforo de 9 de Julio se me acercó un tipo alinyerado y me dijo: *¿No tenés cien mil dólares que ando necesitando?* Buena estrategia. Le di un peso. Pedía con humor, la mayor parte pide con tragedia. La mayor parte de las veces la tragedia no debe ser real. No porque no estén en una situación poco feliz, sino porque pedir es una tarea que se aborda sistemáticamente, y la tragedia no es sistematizable. Hay mucho miedo de pensar estas cosas claramente. Lo usual es sentir tanta culpa y tanto apuro de mostrarse bueno que el que se detiene a observar queda como un hijo de puta.

Como queda como un hijo de puta aquel que ve la realidad y acepta que el ideal es una falla hipócrita del pensamiento y no una opción valiosa para construir mundo.

El sótano del canal es un caos. Pero el estudio está lindísimo. ¿Será siempre así, que el orden de una parte se hace posible con el desorden de otra? Hitoshi, mi amigo japonés, decía que en Japón el Estado, la sociedad, eran ordenados, tal vez demasiado, y el individuo era un caos. Y le gustaba la Argentina porque pasaba lo contrario. Es bastante lógico: si la sociedad no tiene un plan fuerte en el que ubicar al individuo, éste puede hacerse el suyo propio. Las sociedades dispersas convienen a los individuos fuertes. Los menos fuertes, incapaces de un orden propio, se sienten perdidos sin una estructura que los ubique en algún lado.

Hay alguien ensayando arriba. Yo estoy novelando acá abajo. Ensayo de novela. Novela de ensayo. ¿A quién le importa qué género es? ¿Viyela, franela, terciopelo? Lo que importa es si está vivo y respira. Sí, respira, pero no se sabe si es hombre o pájaro. Mátenlo entonces. Lo indefinido es la materia fecal del pasado, el abono del futuro, el ser consistente y negado del presente. Buena frase para meter en un chicle Bazooka.

Los bombones Baci tienen pensamientos de amor. Podría haber un chicle angustioso que trajera pensamientos de muerte y sinsentido. Para adolescentes.

La pizza es una mesita enchastrada y sin patas que se come.

Un mejor uso del tiempo me va a ser posible si aprendo a negarme. La ansiedad, la disponibilidad constante, desfigura mi orden como un solvente desfiguraría un cuadro de Malevitch. ¿Por qué Malevitch, justo? Porque era ruso. Porque hizo el cuadrado negro, el colmo del arte idea. Porque antes hacía cosas lindas.

Pero no puedo culpar a las disponibilidades de mi incapacidad de trabajar, el camino del problema es más bien el contrario. Me escudo en la demanda del mundo, en la atención que debo a los otros, para zafar de la dificultad de mi tarea.

La noción de tarea me la aclaró el libro sobre los proyectos: es un trabajo concreto, con principio y final. Es una porción de trabajo. En vez de pedir una Napolitana grande hay que pedir una Tarea grande. O chica. Y dividirla en porciones.

La palabra porción me parece palabra de gordo en barra de pizzería. Ximena dice *picza*. Ximena muere por la *picza*.

Poner un límite al revoltijo del mundo en el que estamos inmersos es la operación esencial para toda tarea. Estoy atareado, te llamo después. No atender. Qué osadía. El uno escala picos nevados y peligrosos, el otro no atiende el teléfono: hombres de voluntad férrea.

¿Quién será? ¿Será algo importante? ¿Habrá pasado algo? ¿Qué me pierdo si no atiendo? En la mente debe reinar el silencio de la historia. La mayor parte de la historia es un descampado silente. No voy a decir silencioso ni aunque me ofrezcan guita.

Venía en el auto escuchando un casete genial: *Marketing the Invisible*. Un *audio book* para aprender inglés y para aprender a vender lo que hago en el mundo real. En vez de decir mundo podríamos decir Planeta Animal. Buen nombre se puso ese canal. Buen canal, el que lleva ese nombre. La gente se resiste a la idea de que somos animales, pero es la verdad pura. Y también, ya que estamos, es necesario abandonar la ridícula diferencia entre naturaleza y cultura. Pura paja, como dicen en Venezuela cuando quieren decir palabras necias, o al divino botón.

Un botón divino debió ser el del saquete de Cristo. ¿Qué prendas usaría? ¿En qué banda cantaría el chabón? Muchos lo han querido imitar: Jim Morrison y el Che, entre otros, al mismo tiempo y por vías distintas. Los muertos se salvan de la historia y ella los hipostasía. ¿Se usará así esa palabra?

La cultura es la naturaleza humana. Chau. A otra cosa.

Hoy es Brasil-Argentina. Y hasta yo, que no veo fútbol, lo voy a ver. Ximena se va a parar entre el televisor y yo y me va a hacer la danza de los siete velos. Ella no tiene velos, porque es entera en su ser claro y luminoso.

Crêpe de atún y espinaca más bebida, $5,50. Pero yo acá no ceno.

Ahora en casa. Argentina está obligada a correr detrás de la pelota. Ximena me mira por el espejo del mueble que nos regaló su tía. Casi segundo gol de Brasil. Corchi está en posición paquetito al lado mío. Tiro libre para el equipo de Bielsa. Juega Emerson. Casi gol de Argentina. *Retrocedió mal Brasil*, dice el comentador, la segunda voz del relator, más reflexiva y analítica.

Ortega tiene el mentón un poco salido, es como de clase baja. Más que los otros. Los jugadores tienen aspecto distinguido. Los de Brasil son personas de una realidad superior. Popular y superior, más difícil aún de lograr.

Puede haber gol de Argentina. Treinta minutos del primer tiempo y está ganando Brasil uno a cero.

Le hicieron falta al Burrito. ¿Será muy creído Ortega? Es un tipo que me despierta mucha curiosidad, no sé por qué. Tal vez por el pragmatismo me da curiosidad saber por qué me da curiosidad el Burrito Ortega.

Le falta un socio a Ortega, dice la segunda voz. Es un jugador habilidoso, pero le falta grandeza, atrevimiento. Se enreda. Esto lo digo yo.

La pantalla, cuando muestra la jugada a distancia, se ve salpicada de palitos (figuritas) amarillos y blanquicelestes. *No me gusta esa entonación del fútbol a mí,* dice Ximena. *Los relatores de fútbol, su tono, son lo menos de lo menos,* pienso yo. Ximena baja la estufa eléctrica, saca el libro de Winnicott y el tomo de Freud, y se mete en la cama. El gato se corre. Ximena abrió el libro de Winnicott. Escribir tanto hace que me pierda el partido.

Gol de Brasil. El segundo. Un bajón. Qué festejan esos boludos.

Golazo de Argentina, un patadón re épico de uno rubión. *Almeida,* oyó Ximena.

Los jugadores deben estar descansando. Apagué la tele para no comerme la influencia del espantoso mundo de la publicidad. Hace daño a la función imaginaria. Para decirlo en forma seria y precisa. Me cuido de la publicidad como de un virus, desde hace un tiempo. No quiero que me inunden de taradeces.

Corchi se acostó sobre Ximena. Raro, no le gusta mucho estar apoyado sobre un cuerpo humano. Mishima busca lugar. Camina por delante de Corchi, pero él no se mueve; entonces ella sale de encima de Ximena y se acuesta al lado mío.

Ya prendí. Loto con desquite. Sale o sale. Pelotudos que hacen publicidad de celulares fingiendo historias emotivas. Por suerte no le puse volumen, porque veo unos gestos porteños y cancheros, arquetípicos, que prefiero ignorar. Un nene vestido de hincha de San Lorenzo. Deberían encarcelar al que hace una publicidad así, es abuso infantil clarísimo. Inducción a la imbecilidad.

Los equipos están plantados en el campo. ¡Fripp! Empieza el segundo tiempo. Pongo el volumen, dos rayitas, y Ximena cierra el libro y pone las manos sobre Corchi. Almeida casi la pierde con Rivaldo.

No van a ganar, dice ella. *Tal vez me equivoque*, dice después. *En un segundo pueden ganar*, sigue. *¿En qué quedamo?*

Ahora apagamos la luz y me da fiaca seguir escribiendo. Si pasa algo importante lo escribo. Y antes de terminar la frase: gol de Brasil. *Otro error del equipo argentino*, dice el comentarista. Hacen lo que pueden. Y siguen atacando bien. Es que los otros están más desesperados.

Cómo ataja ése, dice Ximena, que cree que el jugador de Brasil tira un tiro libre hacia el arco de Brasil. *No estoy prestando tanta atención*, dice, confrontada. *Arnaldinho, qué lindo nombre*, dice. *Re dulce*, dice.

116

¿Cuántos pelados hay en Brasil? ¿Jugará Laicanpalmer también, además de Emerson? Y también juega Roberto Carlos, está lleno de músicos Brasil. Lo llevan en la sangre.

Los comentaristas son de una raza de infradotados, con su aire de sapientes y su sensatez de mierda. Siempre se dan cuenta de lo que ya pasó, pero lo presentan como si lo hubiesen sabido desde siempre, o como si fuera difícil llegar a esa conclusión. Los reclutan entre los más tarados del universo humano disponible. Una taradez apurada llena de mérito, vuelta profesión en los medios.

JUEVES 27

En la tele, Sonny habla de Cher y Cher habla de Sonny, pero no se oye nada, porque en el bar tienen puesta la radio. Las latas de aceite de oliva cierran filas en la estantería junto a los acetos balsámicos, y en el estante de más abajo están las mayonesas, los ketchups y las mostazas. Un mundo de sabor. El diario *La Nación* se despatarra en la mesa de al lado. Qué cosa, todo.

Steve Coleman and the Metrics, venía escuchando en el auto. Es un disco de rap con sutilezas jazzosas medio de vanguardia. Pocas. Creía que no me gustaba mucho, pero lo escuché entero y cuando se terminó lo puse otra vez, o sea que debe ser que me gusta. Entre el bajo y la batería, en su monotonía hipnótica, transcurrió feliz mi tarde.

El salero nada dice. No opina. Claro, la fácil.

Chorros en la fuente del edificio de enfrente. Iluminados. Homenaje al pis. Un canto a la vida.

117

Estoy temblando, después de la frase anterior nos asaltaron.

Fui a caminar un par de cuadras hacia la zona oscura, en dirección a donde se fueron ellos, para ver si habían tirado mi billetera con los documentos por ahí. Pero no. La mayor pérdida: licencia de conducir, cédula verde. El reloj no es grave, y las tarjetas ahora aviso por teléfono. Plata no tenía. Siete pesos en un bolsillo y no se los di.

¡Y en la frase anterior al robo yo estaba hablando de los chorros de enfrente! Me refería al agua, pero también había chorros de verdad acercándose al bar. Me voy a tomar más en serio lo que digo. O lo que me transmite esta prosa de cuaderno. Hace tiempo que vengo dándome cuenta de que la asociación libre es una forma de conocimiento del mundo.

VIERNES 28

Quedé vulnerado. Un poco desinflado. Si uno está deprimido no puede conquistar el mundo, así que no sé cómo voy a hacer hoy.

Deprimirse: falta de presión interna de aire, como si fuéramos una goma de auto. Mucha presión: explosión, dureza. Hay que estar bien infladito, lo justo.

Tengo una sensación como si me hubieran robado algo intangible. Una evaluación objetiva no revela lo que se llevaron, pero mi ánimo sí. Se llevaron mi empuje. Espero que en un rato me vuelva.

Hace un par de días que estoy escribiendo con letras más grandes. Tampoco sé por qué. Al final no sé el porqué de nada: un boludo.

Creí que retomar la práctica del cuaderno (algo que hace un tiempo hice tanto que en un solo año escribí cincuenta cuadernos de cuarenta y ocho hojas) me iba a domar la letra, que iba a recuperar el trazo más elegante, pero no. Nunca tuve una letra demasiado linda ni demasiado ordenada, y ahora es peor. Es como si tuviera espasmos en el brazo mientras escribo.

Es un lindo día, no tengo demasiado que hacer, siento ganas de seguir escuchando el disco de Steve Coleman, y de seguir leyendo. ¿Qué más puedo pedir? Pollo.

Se me ocurrió que uno podría llevar en su billetera algunos billetes de cien falsos, para darles a los asaltantes. La falsificación no tiene que ser muy buena (no debería serlo, para no tener problemas con la ley) pero sí lo suficiente como para que en el momento los tipos se calmen y te dejen los documentos. Y la vida. Peor que perder la identidad representada en los documentos es perder la identidad realizada en el cuerpo humano personal.

A algunas mujeres los pelos les caen sobre la cara como si fueran flecos de una cortina. No digo que sea un efecto feo, es un atributo cuya objetividad meramente consigno.

Todo este diario es un trabajo de consignación, yo dejo el mundo en consignación para el que quiera retirarlo. Los textos siempre están "puestos" en algún lado, en un libro o en una revista, y el lector con sus ojos los retira. Hace una copia para sí en el tiempo experiencial de su vida que transcurre. *¡Eeeeesssssooo, chamo, tú sí que escribes bonito, vale!*

Leí en el diario *Clarín* que Andrés quiere que su próximo disco tenga cien canciones. Un tipo de números redondos. Una idea contraria a los usos comerciales, pero completamente artística. Comprar una caja así, llena de música, sería comprar un mundo. Convivir con el músico, ir teniéndolo de a poco. Creo que ese deseo de darse, de mostrarse y comunicar es la fuerza que entusiasma a los escuchantes.

Ahora estoy en un locutorio, esperando unos minutos para hablar con ella. En la cabina de al lado una señora cuenta que juega a la quiniela con el número de años que hace que murió alguien. Después le dice a la otra, que es mujer también y se llama Natacha, que le compró un regalo para su cumpleaños. Se ve que la otra pregunta qué es y ella dice: *¡Sorpráis! Cómo no le voy a comprar un regalo a la amiga más querida, más amada*, dice, *con la que hemos pasado tantos buenos momentos...* Después hacen cuentas, van a jugar a un número que resulta de la suma de sus dos cumpleaños. Hablan de otra que está tan gorda que se cayó de la cama. Me gusta, es una señora contenta y no dramática, aunque en su prosa dicha haya muertos y gordas. ¿Quién no tiene muertos y gordas en su vida, eh?

Bueno, me gusta el cubículo locutorio para escribir, pero ya hablé con ella así que me voy.

SÁBADO 29

Los pajaritos son dueños de la mañana. O la energía, a la mañana, es pajarito. Toma la forma de vuelo emplumado. Apenas se materializa la fuerza, a esta hora, y no tanto como para ser carne humana. No es tan temprano, son las nueve y veinte, pero por ser sábado el movimiento está aplacado.

Se va acercando el final de este diario y todavía no hablé del shampoo, ni del enjuague, ni de nada. La computadora hace un poco de ruido, la golpeo y no se le pasa. Buen service, el mío. A la computadora anterior la tenía dominada, un golpe en el ángulo y hacía silencio. Pero vos viste cómo vienen las computadoras hoy en día, ya no hay respeto, ya no hay reverente sumisión, ya no hay esclavismo, nada.

La luz cambió, una nube debe estar cerrándole el paso al sol. No es un día peronista, es un día radical, con vaivenes de nubes y pocos cielos abiertos. La gata maulló para salir, convincentemente, como si fuera una persona argumentando sobre su necesidad y la necesidad de respetar su necesidad. Ahora maúlla porque quiere entrar, y yo tengo que dejar de escribir otra vez para levantarme e ir hasta la puerta y abrirla y dejarla pasar. Me fastidia, pero también me gusta prestarle un servicio a la gata. Esperen.

Tengo que caminar con Leopoldo pero lo llamo a la casa y no está, no responde. Dormido no puede estar porque es un hombre de campo que se levanta a las cuatro de la mañana. Pero como no está en el campo ahora se hace un mate y se pone a leer a Heidegger. Sería mejor que hiciera cualquier otra cosa, que pintara jarritos de café con caritas de filósofos, si eso le gusta, pero leer a Heidegger, por favor... Indigestión del ser. No es cierto que lo lea tanto, ya. En una época su forma de hablar y de pensar estaba plagada de modismos filosóficos, de esa filosofía basura que es la pretenciosa filosofía plagada de seriedad, pagada de tensa trascendencia. Igual no está bien que diga cosas feas de él, que es una de las personas más interesadas en pensar y charlar que conozco, con quien es un placer abordar cualquier tema. Le gusta escarbar, y lo hace bien. Apunta a la concreción, a ganar terreno al mar de la imposibilidad. Curte pensamiento estratégico para ser más feliz. Qué Heidegger ni qué mierda.

Lo llamo otra vez. Me atiende. *Oy, disculpame*, dice. *Coordiné otra cosa para hoy y me olvidé de avisarte.* Qué lindo, le digo. *¿Me disculpás, me querés igual?*, me pregunta. *Sí, sí*, le digo. Y yo que acababa de decir tantas cosas lindas sobre él. Hay que tener más cuidado con lo que uno pone en su diario, porque después la realidad reacciona.

Como lo de los chorros de agua del otro día, que fueron una premonición hiperbolada de los chorros de carne y hueso que deben estar jugando a los naipes con mis tarjetas de crédito y con mi licencia de conducir. Podría ser el nervio de una historia, un personaje que escribe un diario y lo que pone por escrito produce extrañas modificaciones en la realidad que lo circunda. El nervio de una historia pretenciosa y aburrida.

La realidad te circunda o vos circundás a la realidad, depende de cómo te vaya en la vida. Hay personas que tienen muchas realidades que los circundan y ellos no atienden ni el teléfono, y hay personas que cuando ven una realidad la persiguen por la calle hasta que ésta llega al galpón y cierra la puerta de un golpe, dejándolos afuera.

Motivos para contar historias. Hay quien se inspira en motivos dolientes, trágicos, porque eso ha sido la costumbre narrativa más común, la que parecía más valiosa y aconsejada. Leí una antología de cuentos de escritores argentinos que parecía un concurso de calamidades. El efecto literario que tendían a lograr —eran escritores muy reconocidos— era el del mayor desgarramiento: el personaje es un chico pobre que no tiene madre, el padre lo caga a patadas y un día, jugando con un pedacito de lana, lo pisa un tren: ¡literatura! Efecto, me refiero a la sensación que pacientemente construye un texto, al juego perfilado lentamente de una emoción que crece hasta lograrse. Eso es lo que hace un libro, ese trabajo de arquitectura emocional, que es una comunicación en bloque entre el escritor y el lector. Pero aparte de ese efecto de bajón total que parece dar un valor de profundidad, de cosa bien hecha, hay otros mucho mejores. La glorificación del bajón está basada en la sensación de que la verdad de la vida es terrible y todo lo que no sea expresar eso es frivolidad. Ni hablar de esta escritura de nada, peor que frívola.

Pero ése no es otro que yo mismo sospechando de mí, desconfiando, desautorizándome, moviéndome el piso como si el tren viniera hacia mí y la locomotora me fuera a aplastar justicieramente por escribir una pelotudez semejante. ¿Sabés lo qué? No me importa. Así te lo digo. Cosa tuya. Me lo digo y ya está. Después seguimos.

En la barrera. El día se nubló, pero yo no. Combinación perfecta, hogareña y feliz: día nublado, interior con sol. Interior de uno, ese que baña todas las cosas. Meto el tren en la ducha y enjabono los vagones. Pasan orientales llevando bolsas. Asiáticos, no uruguayos. Lo que puede llevar un oriental en su bolsa es motivo de conjeturas siniestras.

Estoy haciendo pis en el baño del mercado de Juramento y Ciudad de la Paz. Primera vez que escribo orinando.

El fenómeno del contagio se aplica no sólo a las enfermedades, sino a porciones de la sensibilidad que llegan a pasar de una persona a otra. Se puede contagiar el gusto por algo, tanto como una aversión o una antipatía. Suena el teléfono y es Vero, de Bariloche, amiga de Ximena que se fue a vivir allí hace... ¿un año? Le paso el teléfono, se va a hablar abajo y me quedo con Steve Coleman. Mishima se lame en el sillón. El contagio es una influencia de alguna otra persona, pero también es una forma de acceder a algo, de formar la sensibilidad. Estados Unidos contagió al mundo, y así llegamos a sentir a estos negros raperos como si fueran primos. Cuando era más chico —chico, podría decir ya— este factor de la influencia me parecía más bien una muestra de inautenticidad. Una persona firme y pura saca su sensibilidad desde dentro de sí misma, y le gusta lo que le gusta y lo que no le gusta no le gusta. Pero ahora, que crecí y soy mejor en todo, me doy cuenta de que este proceso de mezcla es constante y omnipresente en todos los factores de la vida humana. Y animal. ¿Por qué uno será tan boludo cuando es chico, tan intransigente, tan purista, tan fijo? El tiempo suaviza la sensibilidad como el agua de mar una piedra. Y después de muertos nuestras sensibilidades consumidas son como arena, finísima decantación de vida presente en la placentera caminata de las generaciones por venir.

Me gustan los párrafos así, como el anterior, que mezclan cosas, que vienen por un lado y terminan en otro, que meten frases referidas a una cosa en medio de otras. Así como me gustan las expresiones mal escritas, algunas, las que me gustan. Temo que el lector piense que soy torpe y no se dé cuenta de que lo hago adrede. Tenerle miedo al lector es una mala cosa. No llegamos a ningún lado, así. Viene mal olor del baño —la cloaca está mal construida—, voy a prender un incienso y mi lugar de trabajo va a oler como un suburbio hindú. Influencias narigales.

Está viviendo con el novio, Vero. Me alegro. No me gustan los bajos de cinco cuerdas. Y los de seis menos. Me parece que ambicionan ser lo que no son. El drama de los bajos que quieren ser guitarras. ¡Tenemos derecho a tener las cuerdas que queramos! Está bien. La quinta la entiendo porque agrega unos graves hermosos, pero el diapasón con tanta cuerda, no sé, no me va. Cada uno con las cuerdas que quiera. A mí déjenme con cuatro. ¿Por qué no se implantan un dedo más, también, si quieren avanzar tanto en el camino de lo mejor? Pónganse dos pijas, también. Grosero. Me acuerdo de que una autoridad en dinosaurios, Osvaldo Reig, biólogo, contaba que los dinosaurios tenían dos penes. Y las dinosaurias dos vaginas. En *Jurassic Park* no aparece. Es comprensible, porque Spielberg no debe haber querido problemas, pero en el documental de Discovery llamado "Paseando con dinosaurios", que era más serio y hecho con una calidad que no se terminaba de creer nunca, tendrían que haberlo dicho. A no ser que no fuera cierto, que todo fuera un invento de Osvaldo, para joder. Tal vez un día vio doble y creyó que el testimonio de sus sentidos era correcto. Pero dudo que haya visto un dinosaurio alguna vez, en persona. Los dinosaurios, de todas formas, no son personas.

DOMINGO 30

Está lluvioso y vamos a comer un asado a lo de Julio y Silvia. Julio, papá de Ximena; Silvia, esposa de Julio y mucho más. Asado a mediodía, tenemos que llevar la torta. Espero no quedar fuera de combate ya a mediodía porque tengo muchas cosas que hacer. O dos o tres, pero abundantes: seguir este diario, ordenar mi lugar de trabajo. Con eso estaríamos.

Quiero más café, pero me da fiaca ir a hacérmelo. Le puedo pedir a Ximena, pero no está bien andar jodiendo a los demás. No soy de ese tipo de personas que se la pasan pidiendo pequeñas cosas todo el tiempo. Uno es un animal que tiene que hacerse cargo de sí mismo. Porque el otro animal, el que convive con uno, tiene también sus cosas que hacer. Tanto respeto no es bueno, tampoco. No sé, después vemos, pero ahora me voy a hacer el café yo a mí mismo.

También tendría que poner unos estantes más, porque si no los libros no van encontrar lugar donde vivir conmigo y se van a desorientar. Muchos hay que no tendrían por qué estar acá, pero es ese amor por la página impresa lo que me hace aceptarlos aunque no debiera. Entre sí mismo y los libros uno tendría que poder elegirse sin dudar, pero no siempre es fácil.

En un sobrecito de azúcar que recogí en un bar se lee esta frase: "Después de la propia sangre lo mejor que el hombre puede dar a sí mismo es una lágrima". Me lo traje porque no podía creerla. Además de que "dar a sí mismo" no se entiende —¿darse a sí mismo la propia sangre?—, me resulta muy mal pensada, mal sentida, la valoración de los fluidos corporales. ¿No es mejor "dar" el semen, o la saliva? No, sangre y lágrima. Antes se usaba mucho esa creencia, que en definitiva podría resumirse como la de que el mejor sentimiento es el sufrimiento. En realidad no creo que sea un problema de mero antes y ahora. El corte en el que me sale pensarlo no es temporal, sino real —bien dicho, porque las valoraciones de la historia ocultan el hecho de que el presente es completo y de que éste reúne todas nuestras proyecciones realistas—. Quiero decir: la necesidad de endiosar la sangre y la lágrima tiene más que ver con una necesidad de valorar el sacrificio y la imposibilidad que con la de vivir. Y esto no proviene de "épocas en las que el cristianismo reinaba", sino de la patológica voluntad de ser un héroe que se inmola antes de ser un hombre que vive. El héroe puede manejar el control remoto, no es necesario que salga con una bayoneta a caminar por Corrientes y Uruguay.

Está bien dicho, además, porque ¿adónde puede ir un héroe? ¿Al cine? ¿A comer a un tenedor libre? Sí, allí van, estos héroes dolientes, con su "problema" a cuestas, enamorados de la imposibilidad a la que idolatran con sus débiles posiciones lamentosas. Quedé así porque acabo de responder unas preguntas a Leonardo Longhi sobre mis ideas acerca de la crítica. Me inflamé. Si alguien prende un fósforo exploto.

Héroe: qué idiotez. Es mejor ser un chef que ser un héroe. Es decir: vivir la vida con lo que se logre que aspirar a una superioridad que vaya más allá del límite. Pero qué prestigio tiene eso: "ir más allá del límite". Es la búsqueda de la nada, como si uno fuera un personaje de la historia y no de su vida. Si entrás en la historia salís de la vida. Y no hablemos de la superioridad "emocional", de esa heroicidad de llevar el pecho atravesado por un dolor secreto, por una tensión que "nadie puede entender".

Cuando era chico hubo una época en la que dejé de ir al cine porque me parecía, ahora lo puedo decir mejor que entonces, que el cine, la cámara, la pantalla, producían una mitificación de la vida en la que uno quedaba enredado y preso. Después de ver una película, decía yo, salís a la calle y te parece que la cámara te toma cuando el viento te agita el pelo. Es cierto, digo ahora, que uno puede agarrar para allí, servirse de la retórica de la imagen y la heroicidad de los personajes y las situaciones de la pantalla para hacerse el boludo, que en definitiva es de lo que se trata cuando a uno las cosas le pegan de forma artificial. Pero también es cierto que si uno está bien parado en sí mismo no es tan fácil quedar atrapado en ninguna retórica.

Estar en sí, he ahí un buen concepto. Estar en sí es ser consistente, dar la versión de la propia vida sin que otras voces tengan el poder de decirte con más autoridad que vos mismo. Es decir, también, que la voz de tu deseo, de tu sentido, se exprese con claridad en tu sistema corporal y experiencial. Si estás en esa posición, la crítica no te afecta. Es más problema del otro que tuyo. Esta firmeza se adquiere con la edad, o al menos ése fue mi caso. Ése es otro movimiento que se verifica cuando uno está en sí: se abandona la generalización. Ya no necesitás que tu verdad esté corroborada por la forma universal, por todos los demás. Tu forma es tu forma, tu gusto es tu gusto, y los demás problema de ellos. Y, paradójicamente, en esta especie de soledad es donde el otro se hace posible. No te alejás, te acercás, reconocés al otro como otro que piensa lo que piensa, quiere lo que quiere y al que le gusta lo que le gusta.

Porque yo, tengo que decirlo, enloquecía si alguien no gustaba de la música de Spinetta. O si decía, por ejemplo, que le gustaba más Charly. Ahora... lo lamento por ellos. Sory. O ni siquiera lo lamento, qué carajo me importa. Y no es, si lo pensamos bien, que antes me importaran y ahora no. Eso no es que otro te importe, eso es no ser capaz de ser uno en sí mismo y chau.

Es lindo terminar una frase así: chau. Es como se terminan tantas conversaciones, la mayoría, en el mundo real, el de las palabras coloquiales. Chau. Hasta cuando uno se va a dormir se despide de sus seres queridos como si se fuera. Es que se va. Chau. *Chau.* (El último chau, el que está en bastardilla, fue el de ella.)

Estoy ordenando mi lugar de trabajo y encuentro papeles en los que anoté ideas, por ejemplo uno en el que me recuerdo el problema de los artistas que se quejan de no poder vivir de su arte. ¿Y por qué un artista debería poder vivir de su arte? El artista tiene que ganarse ese privilegio, inventar una forma de hacer su arte, no ser un subsidiado de la sociedad, un garpado por otros que laburan. ¿Por qué los otros deberían trabajar para él? A no ser que esos otros le reconozcan gran valor a su arte y en consecuencia el artista consiga dinero a cambio, no me parece que un artista merezca desde el vamos vivir de lo que hace. Pero que se queje es ridículo, ¿quién sos?

¿Cómo darle un final a este diario? ¿Tengo que darle un final? Un tranquilo chau, no hay que hacer dramáticos acontecimientos que no lo son. Pero el final del libro es una especie de muerte. Muere la voz que te hablaba, muere esa compañía, uno queda en una nueva soledad. Creo que por eso a mucha gente le cuesta terminar los libros, porque se produce una separación al leer las últimas líneas. Igual para el final en este caso falta. Pero podemos ir pensándolo. Qué analítico. Una separación vivida como tal. Difícil. Pero siempre es difícil separarse, hacer espacio entre uno y otro querido. Hay quienes toleramos mal los viajes, o al menos ese aspecto de ellos. Lo que a mí me pesaba mucho de viajar era ver gente y no saber qué vida llevaban, captar esa distancia con vidas que ni sabía que existían. Intuir que había un mundo como el mío pero distinto, en el que otros existían sin saber de mí ni yo de ellos. Esa percepción, que podría no haber sido dramática, para mí lo era. No me preguntes por qué.

Ya son las once y dieciséis de la noche y me voy para abajo. Chau.

LUNES 31

Entiendo lo que les pasa a los japoneses con las plantas. Ven en cada rama un logro de la naturaleza, una manifestación de la perfección. Un árbol sin hojas es la escultura más sugerente. Con hojas también. Leen en esa belleza el sentido de todas las cosas. Y cuando lo pintan quieren que el trazo del pincel sea parte del mismo movimiento de espontaneidad que demuestra la rama seca o viva. Como si los trazos del dibujo surgieran desde el mismo origen vital que no se cuestiona y fluye. Cuando tomo contacto con esa forma de ver las cosas querría yo también fijarme la misma meta. En parte, en este texto lo hago: simplemente ser, sin intervenir demasiado, contar momentos, pensamientos, extrañas relaciones de las cosas. No soy yo, son las cosas, a mí que me revisen.

Ayer hablaba de la despedida. Por el tipo de prosa y de comentarios que la pueblan es como si hubiéramos estado un rato juntos.

La gata se hace paquete sobre la estufa apagada. La gata aprovecha el piloto. ¿Dónde está el piloto? Adentro de la estufa.

Nuevamente cuelgan prendas de la lámpara. Como frutos de una planta japonesa y elaborada. Planta que hace puntillas. El orden que logré en mi lugar de trabajo, aunque no completo, me resulta inspirador. Ayer vi en el canal BBC News que el slogan, después de News y no sé qué otra cosa, dice *Inspiration*. Es buena la idea de la inspiración. No pensada como una fuerza mágica que viene de no sé dónde, sino como necesidad o función cotidiana. Uno necesita inspiración, es decir ubicarse en relación con el sentido. Motivación es otra palabra que se usa mucho, y me parece también buena. Son formas de aludir a esa necesidad de conectarse con el marco que da sentido a nuestras acciones, que las impulsa. Lo que esas palabras hacen es reconocer esa necesidad y darle un espacio.

Estoy en una de las mesas en las que funcionaba el club Montchenot. Deportes no hacíamos.

Un borracho sentado en mesita cercana a barra le dice a Luis Pedro Toni, que se pidió un cortado para tomar parado: *¿Le puedo hacer una pregunta?* Y después no se le entiende nada.

¿Hay galletitas?, pregunta Luis Pedro. Le dan un paquete abierto, para que se sirva. Acá es todo así. Cuando me reconoció, el dueño me dio una botella grande de Rincón Famoso y me dijo que tomara lo que quisiera y que pagara lo que quisiera también. Algunos de los momentos de amistad más felices de mi vida los pasé aquí.

El borracho le habla a Luis Pedro, pero Luis Pedro ni bola. Masticando Luis Pedro me vio masticando a mí también (unas papas fritas y unas aceitunas) y me dijo *buen provecho*, a lo que yo respondí alzando el vaso.

Era un club muy culto y muy ordinario. El rey, la gran figura, era Alberto Ure, que hacía un despliegue de fuerza humana muy poco común. La charla era de la misma calidad del vino que tomábamos. Nos reíamos mucho, éramos científicos, religiosos y sexuales. Me gustaría volver a vivir algo así, alguna vez, pero fue una conjunción especial. Lo que no creo, en realidad, es que pueda conocer a otro como Alberto.

Cuelgan los jamones en la tarde última.

No tengo nada contra Luis Pedro, que me dice *hasta luego* y sale. Hay un ambiente español, distendido, lleno de viejos que piden vermús. En este bar hay botellas de vino abiertas con el nombre del que las va consumiendo. Decirle "tubo" a la botella de vino, cosa que Alberto hacía, es quitarle peso, considerarla como un ligero refrigerio.

Llamé a Juan para ver si llega de una puta vez, para que comparta este Famoso Rincón. Él hubiera cabido en el club, porque en su onda mezcla el mundo cotidiano con el misticismo sufí. Era la mezcla imperante, la del sagrado más allá con el vulgar más acá. La encarnaba Alberto, que se decía cristiano ortodoxo mientras hablaba de ortos (lo que tenía su coherencia, después de todo); la encarnaba Douglas, que pintaba santos y estaba perturbado con la Alfano (en cuyo programa Alberto y él trabajaban —yo no porque ella me había prohibido la entrada al estudio—); y también Ricardo, matemático, que se obsesionaba con la mesa redonda de Arturo, y con los gnomos, y levantaba señoras de mediana edad en la avenida Corrientes. El único no místico era yo. Fue un tiempo extraordinario, para mí al menos.

Veo cabezas casi sin pelo, con flecos blancos alrededor. Es el mítico ambiente de bar, lugar para la cultura y la felicidad.

Aunque éstos deben huir de las casas. ¿Por qué pensarlo así? Honduras y Bonpland. Las señoras también deben disfrutar este momento sin sus maridos, 8:38 de la noche, viendo la tele o jodiendo a los hijos/as o con los hijos/as —por qué no— y terminando de hacer la comida, vertiendo especias en la noche apenas creada.

Quiero decir: cualquiera puede divertirse en un bar de anochecer, pero el talento humano de Alberto hacía brillar el mundo. Adoro, quiero, reverencio a Alberto Ure. Energúmeno único, fuerza de la naturaleza, facilitador de poderes. Se lo recuerda también como un gran humillador, como un cagador mayúsculo. No dudo de que lo haya sido, pero conmigo fue un hombre cálido, afectivo, completamente inspirador.

También supo venir Rozín, algunas veces, ese que ahora grondonea los domingos a la noche, canalnuevemente.

Desde la ventana veo el gimnasio en el que en otra época hice aparatos y yoga. Ahora es una parrillita. *Ma sí*, dijo el dueño, y después de tantos esfuerzos aceptó su parte chorizo. El diminutivo no lo agregué yo, dice "parrillita". "Parrillita El nosequé", no alcanzo a leer.

El caño de allá: trece jamones, dos salames, una longaniza. En el de acá: diecisiete jamones. De cinco tipos distintos. Si le pregunto al gallego me gano una clase de jamón, linda materia. No puedo creer que haya pelotudos que desprecien a los españoles. Honor a España. Amén.

132

"Amén" es como "salud". Pero menos pagano. Se le podría decir a alguien cuando estornuda "¡atchís!", "amén". Cuento trece chocolates Águila tamaño extra large. Otro signo de sabiduría y superioridad.

También curtí mucho este bar de mañana, café corto y una factura, antes de entrar al programa con Iván. Miro para atrás y veo muchas experiencias felices.

Hay un auto parado en el semáforo que se parece al bajo que me quiero comprar. El mismo color, el mismo ergodinamismo. Que me revisen.

Aquel tipo parado en medio del salón con un pullover tipo minimax es una versión más baja y pobrecita de Francisco Umbral. No conozco un alemán que haga y disfrute "pequeñas cosas". En realidad creo que no conozco ningún alemán. Y si lo conozco, lo olvidé. Umbral me lleva. "Estás perdiendo el tiempo": *Umbral, Los niños que escriben en el cielo*, Spinetta Jade.

Me llamó Ximena y cuando le conté que estaba acá me tachó ("tildó" es la palabra) de "nostálgico". Le expliqué que no.

¡Che, Juan no viene! No llega. Dijo a las nueve y ya son las nueve y dos. Hijo de una gran puta... Ojalá cuando llegue un jamón aplaste su imaginación ya perniciosa.

En Venezuela "pernil" es una palabra alimentaria de uso frecuente. Pierna de cerdo. Me tomé media botella del Rincón y estoy en órbita.

Estoy en "obrita", un cambio de letra y se acomoda el sustantivo adecuado que designa mi intento: hago una "obrita".

Lástima que vayamos a hacer *play back*, quería tocar en serio.

Un tipo se escarba los dientes con un palillo, como si quitara los corales de una estatua griega sumergida durante dos mil años en el mar Adriático.

¿Qué hacen con el hígado los españoles, tras tanto jamón y tanto vino? Lo ponen en una cazuela del día y se lo sirven a Pablo Sirven. Se lo sirven a un cliente con problemas respiratorios. Un hígado extra para el que necesita un pulmón. ¿No se come el pulmón de la vaca? ¿Qué clase de mondongo angélico se hace con él?

Chateauvieux veo, pero Montchenot no. Ahí hay uno.

Fabián Hofman me contó hace muchos años de un camarógrafo de cierta edad que se daba saques con pimienta negra molida. Para mí que lo engrupió.

En la mesa que está delante mío hay saleros, pimenteros y palilleros. Trece frasquitos de vidrio. Todo es trece: los jamones de la primera fila, los chocolates, los frasquitos.

Pensar que una vez esas piernas que cuelgan fueron chanchos vivos.

MARTES 1º

Un señor canoso me está lustrando los zapatos. Jamás lo hago yo y jamás me lo hago hacer, pero hoy me dieron ganas de tener los zapatos como el sha de Núñez. Además, en la punta el cuero necesitaba atención. Somos cuatro tipos sentados en alto y cuatro tipos lustrando en bajo. Pasaje Obelisco, es decir Buenos Aires de cuarenta o cincuenta años atrás. Impresionante la tendencia a darse lustre que había.

Voy en colectivo. El 64. Plaza de Mayo, bien iluminada. Acá pasaron muchas cosas importantes, históricas. Los lugares quedan asustados, limpios, después de sucesos de esa magnitud. Y además los hechos no son "históricos", la historia es el cuento de los hechos enlazados. Y tal vez los hechos que la historia cuenta no sean los que tuvieron mayor influencia para que el presente sea el que es. Puede que no sea una serie de hechos la que hace el presente. ¿Algo produce el presente? El presente es inevitable, y tal vez la historia sea un intento por eludirlo, por hacerlo parte de un camino de hechos que destruye lo que Bataille llamaría la soberanía del presente. Qué culto, cómo cita.

Insertarse en la historia es desnaturalizar el presente, quitarle su saludable reclamo de independencia. Con lo que llegamos a que la independencia no es un hecho histórico sino un momento que reclama eliminar la historia. Leído en términos históricos, la independencia abre una nueva historia, pero la cultura histórica tiene siempre valores conservadores. Es así y déjenme de joder.

La primera juventud no es conservadora pero no sabe qué hacer. Sólo se llega a ser bien joven con el tiempo. Pero el tiempo no es historia, es presente trabajado en la percepción. Acentuar el pasado que compone ese trabajo del presente es quitarle fuerza a esa percepción del momento, que tiene su sentido en el deseo.

Así es. Ganá con la súper Promo Tang. Tang es un chino que vino a Buenos Aires con el proyecto de hacer jugos. *Señor Tang, ¡usted en el Hotel Términe! ¡Qué gusto tenerlo entre nosotros!*

Modas Ahn. Club Toy. Lua resguarda su esfuerzo. Prohibido asomarse y sacar los brazos por la ventanilla. Prohibido decapitarse con el otro colectivo.

Los dos que están sentados delante de mí se quieren. Un hombre y una mujer. Él es grandote. Ella tiene el pelo largo y ondulado. Él, treinta y cinco. Ella, también. Qué amor será ese amor.

Un perro camina solo por la vereda. Va a alguna parte.

Restaurante Dragón. Donde se come al cliente. Cerrajería Acá Nomás.

Un tipo camina con un libro y se toca el hígado. Parrilla Amarilla Achuras.

En esa esquina he comido muchos pollos oreganato, traídos por un mozo con sonrisa de ángel. Y en esa otra esquina había una rotisería que hacía exquisitas croquetas de verdura. Y a media cuadra de aquí vivía Cejas. A veces volvíamos caminando del colegio. El papá era policía. Supe que lo mataron. Una vez había ido a Chile con López Rega, el tipo. Turismo siniestro. No me acuerdo qué había donde ahora está el Alto Palermo. Subió una rubia un poco operada. Masca chicle. ¿O será algún pedazo pegajoso de sí misma que le sacaron en la operación, lo que masca? Un tipo en pantalones cortos. Se ve que viene de jugar al fútbol.

En barra de boliche de empanadas. Pasé para escribir e ir al baño. Riquísimos tamales haga su pedido.

Si uno se pone a mirar el segundero de un reloj se ve el tiempo pasar. Pero si se pone a mirar el agua en una orilla lo que se ve pasar es el río. Y ahora miro por la ventana y veo pasar colectivos y personas. Siempre pasa algo. Ésa es la sensación de vivir, que siempre está pasando algo. Pero se alude en esa frase a otro pasar, a las cosas que suceden. Sucede el tiempo, sucede el río, suceden los taxis y los perros.

En la tapa del diario hay una foto muy linda, palomas que vuelan sobre un cielo celeste claro, y unos autos más atrás, con las luces prendidas en medio de la niebla, tenue luz de día.

Los autos
deberían tener
más piezas
nacionales.

Siguen contratando poetas, en los diarios, para titular.

Pasan las empanadas, no por mí, aunque querría. Pasan los billetes y las monedas y las palabras. No sucede nada, en esta escritura, todo pasa. Es una escritura de estar y pasar.

El segundero insiste con su trayecto vicioso. Un ventilador de techo y una heladera de helados testimonian la existencia de un momento en que el calor impera, distinto de éste. La empanada nunca retrocede.

Hay una tele en alto y a su lado una bandera argentina. La patria cuelga polvorienta. Además de la tele está la radio prendida. El famoso miedo al vacío. Estudiaron filosofía, leyeron a Sartre y decidieron abandonar los estudios y dedicarse a la empanada. Buena decisión, desde todo punto de vista. La empanada es la casa del ser.

Hay una foto de una loma con una llama parada de perfil junto a unos arbustos. En Buenos Aires hay una capa de gente del interior que si uno no está atento no detecta. Entra uno con un casco de moto puesto. ¿Vendrá de asaltar? Quedé alarmado. La gente del interior. Parece una buena forma de aludir a los estudiosos de la filosofía. O a los psicoanalistas, mejor.

Tienen unos rollos de papel con el que envuelven los paquetitos de empanadas calientes. No se puede negar que es un lindo oficio, el de la empanada. Sin afecto el paquetito no funciona.

MIÉRCOLES 2

Arriba de mi mesa verde, abiertos, el cuaderno rojo del diario, el cuaderno grande de los trabajos, la agenda amarilla. Me gusta tanto estar frente a estas cosas que no puedo hacer nada. La felicidad te inutiliza un poco. Mentira, es que a veces me quedo indeciso entre cuál tarea abordar. Hay que tener cuidado, porque si la indecisión se prolonga uno se pasa el día sin concretar. Me voy a caminar.

Volví. De ida, caminando por Ramón Hernández (no creo que le hayan puesto ese nombre por el secretario de Menem), vi que una casa que tenía un cartel de "Alquila" desde hace muchos meses había agregado ahora un cartel más chico de "Alquiló". Y en el árbol correspondiente a la casa, en la vereda, habían tirado algunas cosas viejas. Un maletín de cuero, chiquito, en buen estado, que estuve por agarrar pero escondí reservando para no tener que cargarlo durante toda la caminata, y una serie de cartas y papeles viejos. Los noté lo suficientemente viejos como para sentir curiosidad y los agarré. Había también una postal de esas coloreadas, en la que aparecía la estatua del fundador de Tandil. Seguí caminando mientras iba leyendo algunas cartas al azar. La primera era bastante intrascendente, sobre todo porque la circunstancia me llevaba a esperar descubrir algún secreto, o al menos leer una prosa apasionada, el testimonio de un amor tan viejo como el papel. La letra era linda. Ahora la gente no escribe así. Seguro que antes en las escuelas eran estrictos con la caligrafía, ahora cada uno escribe como puede. Prueba: yo. Pero todo bien, ganamos en libertad. Ahora las cartas de amor son más felices que las de antes, porque la letra no tiene que ceñirse al estilo caligráfico. La escritura anda en chancletas.

Pero basta con la digresión. Quiero transcribir una carta que leí después, que no es una rareza absoluta pero tiene su interés. Está escrita en papel de carta, rayado, tamaño chico. Una hoja doblada que hacen dos hojas. La elegí entre el manojo porque tiene el dibujo impreso de unas flores, en color, muy lindo.

Mendoza 8/9/42.

Lastimado Raimundo.

Espero pases este 34º Abril en descompleta salud, y que en compañía de tu amigo Castañabuena tengas un día de yeta. De paso, si es que no te molesta te hago acordar que me tienes que devolver los quince guitas que me pechaste bajo pretexto que era para pagar al peluquero que te había de afeitar el bigote. Claro que el tonto fui yo en darte quince para un bigote que no vale ni cinco y eso aunque quieras parecerte al Sr Fu-Man-Chu. Pero sobre todo te ruego no me pidas plata para pagar al peluquero el día que te vayas a cortar el pelo, pues debido al trabajo que va a tener el pobre Figaro te va a aplicar una tarifa tal que yo no tengo fondos para responder.

Conocí por acá a una que dijo ser churra tuya, y que trabaja en una empresa cloaquera. Me llevé un susto!! Figurate que la vi de noche, y con la cara que tiene!!! Es una cara tal que los gases de los cuales sufre están siempre indecisos pues nunca saben por dónde han de salir pues le confunden la cara con una de las partes más necesarias y primordiales de nuestro pobre cuerpo humano.

Bueno querido pertineta: me despido con una cariñosa patada, y espero que dejes de calaveriar y me envíes el dinero.
Se despide tu amigo
Mortadela
Chau Bigote atrofiao

No es ninguna rareza ni genialidad ni nada, pero me parece súper interesante. Huele a otra época. Me hace acordar a Tarufeti. Es un Groucho del viejo Núñez. Hay un humor sonso que se ve se llevaba mucho antes. En la prosa se vive, y esta prosa sencilla me transporta. Era el barrio en el que vivo ahora, pero años atrás. Me encanta la firma: Mortadela. Es un nombre genial para un personaje.

Sigo revisando los papeles. Un sobre que dice con letras escritas a pluma: *Señor Raimundo Rolando Martin* (tres nombres tenía el tipo, y ningún apellido...), *Dirección de Parques Nacionales, San Carlos de Bariloche,* tiene adentro una de las postales coloreadas más lindas que vi. Es de Playa Grande, Mar del Plata, y muestra en primer plano la calle, con autos de época cubriendo todas las zonas en las que se puede estacionar, algunos circulando, y unos pedazos de pasto a los costados. La playa no se ve. Los colores son suaves, pastel. Del otro lado dice: *27/1/1942, Cariñosos saludos desde estas hermosas playas.* Y hay una firma envuelta en firulete vigoroso: *Nenuca.* En 1942 había gente que se llamaba Nenuca.

JUEVES 3

Como me asaltaron en el bar de enfrente vengo a éste. Ahora me asaltan acá y me vuelvo al de enfrente. Acá todo es un poco más cheto, más nocturno y más *decontracté*. Que quiere decir que no tiene contrato, y por eso está así, distendido.

Anoche tuve mucha fiebre. Sentí escalofríos, muchísimos. Después esta mañana no tenía nada de fiebre. Raro.

Cosas que me doy cuenta de esta escritura:
a) es como hablarle a una madre, a otro cercanísimo que se interesa por todo lo que digo, por cada minucia sin importancia.
b) cuando, como hoy, no me siento tan bien —como dice Carmen— siento que sacar páginas del no ser es algo trabajoso, que requiere un esfuerzo tremendo.

En la misma mesa en la que escribo hay un platito con cuatro canapés. Llega uno con un gabinete de computadora bajo el brazo y habla con el cajero. Pobre, se ve que no se resigna a no tener una notebook y sale por la vida con la computadora de escritorio. Suena un celular y yo no traje.

Exterminé los canapés.

Me siento afiebrado, es de noche y la fiebre vuelve, pero no me siento mal. Como persona me siento bien. Estar medio enfermo, así, es ver las cosas desde otro punto de vista. Es como una droga, la gripe. Suele decirse que uno "toma frío". ¡La droga es el frío! Tomás frío y ves las cosas desde otro punto de vista. Es una droga barata, pero igual hace mal. Una droga natural. En algunos lugares del mundo no se consigue. Con el calor eso no pasa. Con el sol sí, uno también puede "tomar sol", pero no sé si ves las cosas desde otro punto de vista. Sí, también.

Punto de vista: ver las cosas desde un punto no debe ser lo que aporta más claridad, habría que tener en cuenta varias perspectivas, para entender. Me lo explicó mi papá cuando era chico —yo— y todavía me lo acuerdo.

Intenta respirar por su cuenta, leo en la pantalla. Lo dice un personaje de una película en HBO. Mi motor hoy no se calienta. Lo digo yo. Lo escribo, mejor dicho. Mejor escrito. Estoy aminorado. Disminuido. Tiendo a la quietud. *Si el tipo dice pasame cuánto valen las paredes*, oigo en la mesa de allá. En la de acá: *Ésta dijo que no*. Pantalla: *para despedirte el comité tendría que reunirse*. En una mesa pegada a la ventana una pareja se besa, se están tomando una botella de Rincón Famoso, tinto, grande. Ella es un poco gordita, pero lo adora. ¿Pero? Viene la moza con una botella de whisky etiqueta negra, y pasa de largo yendo a servírselo a andá a saber quién. *Dios, amo la medicina*. En la pantalla.

Huelo papas fritas. Las huelo con el alma. ¿Por qué la comida tiene esa presencia para mí?, ¿será porque estoy vivo? Muchos te dicen que mastiques despacio, pero si ves a los gatos te das cuenta de que en la naturaleza las cosas no son muy calmas.

Los sacos se doblan, las personas no.

Lo que pasa es que anoche estuve mucho tiempo despierto y sin haber dormido bien, y habiendo vivido un día intenso, no funciono. Sory.

VIERNES 4

Me acabo de dar cuenta de que al escribir las palabras se ponen en fila. Las oraciones arman la idea, si uno puede tener un poco de paciencia e ir juntando los pedazos de sentido que traen las palabras. Las ideas en la prosa se muestran en secuencia. Todo junto no se puede. Captar en un instante todo el contenido de un libro sería como recibir una patada en el cerebro. Uno volaría por el aire con los brazos y las piernas a la marchanta. Desbaratado.

Oigo un pajarito y oigo un jet. Es obvio que son cosas de la misma especie, surcadores del aire, y que incluso están realizadas con variaciones del mismo diseño, impuesto por el medio por el que andan, pero nunca lo había pensado antes. Escribo y sensaciones me caminan por la espalda. Avanzan por etapas, escalofríos o incluso sensaciones que no tienen palabra. El que tiene palabras soy yo, y las voy poniendo en fila vaya uno a saber por qué.

Porque después de tantas explicaciones e idas y vueltas, y por más que haya dicho a lo largo de estas páginas tantas cosas tratando de explicar o entender qué es esta escritura, al final sigue sin saberse.

Releo un poco lo que llevo escrito y me doy cuenta de que busco, con seguridad, lograr algo que me encanta y no sé por qué. Tampoco me importa tanto ya no tenerlo claro como para que sea una objeción y dejar de hacerlo. Antes me pasaba. Ahora hay idas y vueltas, pero vamos. Me refiero a algo que ya dije, y es que me gustan las frases escritas más o menos. Ejemplo: ni muerto me pongo a dar ejemplos de lo que quiero decir, demasiado servicio al cliente.

Estaba en otra cosa, se me ocurrió algo y cuando lo vine a escribir se me fue. ¿Dónde estará lo que iba a decir? ¿Será un algo concreto, en el nivel concreto de las moléculas del sentido? Ése es un buen tema para investigar, clave: si podría llegar a localizarse una idea en su objetividad más material. Sí, importantísimo. No sé si voy a poder dormir. A veces el entusiasmo con el conocimiento muestra sus aspectos un poco delirantes, porque, a fin de cuentas,

¿qué queremos conseguir? Saber es lindo. Es divertido estar averiguando cosas, después se ve distinto el mundo y eso altera nuestra acción. Hasta las acciones del mismo día en que uno aprendió o entendió algo nuevo.

Bajé el teléfono para escribir, cosa que nunca hago. La enfermedad me cura. Toso. Toso sobre la pantalla, disculpen.

Quiero escuchar música pero no sé qué música quiero escuchar. Es decir, no me viene nada bien.

Al final me di cuenta: esto sí es una novela y tiene una historia. Es la de un tipo en lucha con las cosas concretas, que intenta hacerlas caber en unos signos negros, como una forma de domar la multiplicidad inabarcable. ¿Por qué la siente amenazante? ¿Es una historia de acción o de amor? Como si el amor no fuera acción...

SÁBADO 5

Busco entre mis libros una novela para leer y no encuentro. (*Tampoco encontrás lo que querés al escribir*, va a decir algún crítico gracioso.) Ensayos pendientes hay muchos, pero novelas no. ¿Para qué tengo tantos libros? Son lindos, pero en días como hoy me parecen inútiles. Tampoco está dicho que sea mejor no tenerlos, la única incomodidad es la de mudarlos. Además, hay otros días, distintos de hoy, en los que cada uno de ellos es una tentación. Es lindo vivir rodeado de tentaciones.

Dejé la luz del baño prendida. Son las diez y media de la mañana. Me bañé y la prendí para que no hubiera sombras entre mi cuerpo y el agua, para que no pareciera un rincón la ducha. La gata maulló hasta llevarme al punto del asesinato. Le abrí la puerta para que saliera al balcón a tomar sol —era lo que quería— y ahora no la veo. Su hijo, más modoso e intelectual, se lame en el sillón. ¿Se podría decir que ser intelectual es eso, lamerse en un sillón?

El problema no es sólo que querría leer una novela para curarme la gripe, sino que el no encontrarla me genera una gran desazón frente al tema de los libros, como ya fue dicho. ¿Para qué tenerlos? No hay nada que pueda responder o calmar un *para qué* desatado.

Las novelas curan, claro que sí. Un baño de inmersión en una historia, en un hilo de otro, y uno se pierde y se recupera. ¿Cómo se podría identificar de otra forma el género "novela"? Son libros en los que te podés sumergir, en los que te metés y sos llevado sin esfuerzo.

Ahí está la gata. Posando como una modelo junto al macetón, con la cara arrobada por el sol.

Pajaritos que cantan. Ruido de camión. Los pájaros no cantan, qué ridiculez. Imaginar un pájaro cantando es una cosa monstruosa. ¿Qué podría cantar un pájaro? *Vooolaaaaareeeee...*

Me gustaría que los gatos hablaran, también. *¿Qué escribís tanto, eh?* Eso no es un gato, es un hijo. Ya vendrán.

¿Qué se puede decir de un día tan lindo? Que el sol limpia y rehace todo, que las hojas lo reciben como si estuvieran hechas de sol, que es de lo que están hechas, de sol conservado y transmutado al verde. La araucaria de la casa rosa de acá al lado es alta como un edificio y disfruta del día tanto como yo. Las ramas de las plantas se balancean y con ellas se mueve la sombra. Sobre la pared roja, sobre otras hojas, sobre otras ramas. Ladra el perro tremendo de la casa de al lado, ese que parece una estatua ecuestre melancólica. Lo saca a pasear la empleada de la casa, una mujer de pelo corto que exuda resentimiento y mala onda. El perro transmite una resignación dolorosa. Hasta el edificio feo de enfrente hoy, con el sol, parece un lugar feliz.

En la vereda. Chispazos rojos, las flores del aloe, rareza que la cotidianidad disminuye. Parecen flores extraterrestres. Vasitos de plástico tirados en el pasto, entre las plantas aplastadas, que rodean el árbol que está justo frente a la puerta blanca de la casa del vecino.

LUNES 7

Todavía me escalofría un poco la espalda por la gripe. Se retira lentamente. Es el último día que escribo. Tengo que terminar. Las cosas se empiezan fácil, pero es difícil terminarlas. Hacer un cierre y poner una palabra. Léxico psicoximénico.

La sombra de un colectivo cruzó la avenida Congreso. La sombra de un tipo caminó la vereda. Llega el fin y somos todos sombras. ¿La luz? Quedó atrás, el resplandor del objeto ahora nos ilumina desde antes.

Pero no hay por qué tender a lo doloroso. Otra vez el dolor es la costumbre para tratar con todo. Este texto no lo eludió, pero lo evitó —y evita— como sentido automático. Un final puede también ser feliz, un logro, un alivio, la posibilidad de ir hacia otra cosa nueva.

Hasta puede festejarse, hay finales que se festejan. Que éste sea festejable.

Lo que pasa es que el dolor es una forma asimilable de la intensidad, tiene carriles mucho más conocidos y comunicables que la felicidad o el orgullo o la expansión. Estos sentimientos avasallantes no son tan bien recibidos ni por el sujeto ni por la comunidad. Son amenazas con las que no sabemos tratar. Sería bueno que aprendiéramos.

Con el café me trajeron una oblea bañada, pero la domino con la vista.

Es una linda mañana en mi barrio. Hoy el mundo parece un libro de lectura, cada uno cumple con su papel en la vida, las cosas están en orden, el sol lo avala todo. Esta novela trató de iluminar las cosas buscando el mismo efecto del sol, dar un baño de aprobación. ¿Puede una novela proponerse algo así? No sé si trató de hacerlo, o es el resultado de un movimiento de ese tipo, mejor dicho.

Un enorme camión blanco espera que se levante la barrera. Un tipo en una camioneta chica aprovecha el momento para revisar unos papeles. En la pantalla de la tele del bar Pedro Aznar habla de Seru. Peter, como decía Mariano. El rock es desde hace mucho una presencia constante, ya hace muchos años que ocupa su lugar y se mantiene vivo. Tampoco es una pérdida que ese lugar sea hoy estable. Es un recurso útil, instalado, que las nuevas generaciones siguen sintiendo propio. Si aprendemos a mirar con ojos de querer y poder es un logro cultural importante y nuestro. Es el camino de nuestra madurez. ¿Qué otros frutos vamos a dar?, es la pregunta. No cabe denunciar su instalación como una transa con el sistema. Hay mentalidades que sólo están contentas cuando no pueden algo.

147

El tipo de la ventana fuma y toma agua mineral. ¿Por qué no toma el agua de la cloaca? Para acompañar el cigarrillo matinal no hay nada mejor que un buen vasito de agua servida.

Nos estamos viendo.

Agradecimientos

A Cristian Martínez, que pasó en limpio el original a medida que se iba escribiendo; a Maxi Galin, newsmaster de mi site www.bienvenidosami.com.ar, que no es el Maxi que aparece en el libro sino un Maxi posterior; a Much Music, cuyos escenarios aparecen lateralmente en el libro porque yo trabajaba allí cuando lo escribí; a Ralph Haiek, mi jefe de entonces y un querido amigo, a quien como se ve le usaba la oficina (con su consentimiento); a Luis Chitarroni, interlocutor esencial de mi escritura; a Sudamericana, por ser como son; y a Ester Polak de Fried, Juan Zorraquín, Julio Suaya, Mario Mactas, Luis Alberto Spinetta, Carlos Pagni, Jorge Asís, Jorge Telerman y Eduardo Rovner por los motivos de la amistad.

Esta edición de 3.000 ejemplares
se terminó de imprimir en
Kalifón S.A.,
Humboldt 66, Ramos Mejía, Bs. As.,
en el mes de septiembre de 2003.